Monika Halmos

Veilchen, Rose & Lavendel

Sinnliche Blütenrezepte für das ganze Jahr

ISBN 978-3-99025-155-3
© 2014 Freya Verlag KG
Alle Rechte vorbehalten
A-4020 Linz
www.freya.at

Layout: freya_art, Daniela Waser
Lektorat: Red Pen
Copyright der ungarischen Originalausgabe: Monika Halmos,
Gastronomin mit Golddiplom www.rozsakunyho.hu
Fotografiert von András Vass
Übersetzt von Zsuzsanna Moróczné Hortobágyi
www.morocznezsuzsaszakfordito.hu

printed in EU

Auch als
eBook
erhältlich

Veilchen, Rose & Lavendel

Monika Halmos

Sinnliche
Blütenrezepte
für das
ganze Jahr

freya

INHALT

Veilchen

VEILCHEN – PIKANT

VEILCHEN – SÜSS

Rosen

ROSE – PIKANT

ROSE – SÜSS

Lavendel

LAVENDEL – PIKANT

LAVENDEL – SÜSS

Über die essbaren Blumen

„Das Leben ist wie ein großer Garten.
In der Natur trocknen die Blätter ab, die Blumen verwelken.
Man kann die Schönheit der neuen Blätter und Blumen erneut bewundern,
wenn man vertrocknete Blätter und verwelkte Blumen entfernt.
Man muss aus dem Bewusstsein auch negative Erfahrungen,
die Schatten der Vergangenheit, entfernen.
Leben bedeutet, sich immer wieder zu erneuern.
Entschuldige, was du entschuldigen musst.
Vergiss, was du vergessen musst.
Umarme das Leben mit immer neuer Kraft.
Jeden Augenblick des Lebens sollst du so empfangen,
als ob er eine gerade erblühte Blume wäre.“
(Mata Amritanandamayi)

Mit Recht fragt man sich, warum man Blumen denn essen soll. Wer schon einmal mit Blüten zubereitete oder gewürzte Speisen und Getränke genossen hat, braucht aber keine Erklärung dafür. Durch das Essen von Blumen lernt man eine ganz neue Welt der feinen, leichten und besonderen Geschmacksempfindungen kennen.

Die Süße des Blütenstaubes und des Nektars und das säuerliche, manchmal ein wenig bittere Aroma verschmelzen im Mund zu einer neuen Welt, die von Feinschmeckern unbedingt entdeckt werden muss.

Es gibt Blüten, denen in einigen Ländern besondere Aufmerksamkeit geschenkt wird. Im antiken Rom gab es eine wahre „Rosensucht". Die Römer verzierten nicht nur ihre Häuser und Kleider mit Rosen, sie konnten auch in der Küche nicht genug von ihnen bekommen. Im Tal der Rosen in Bulgarien und in einigen Gebieten der Türkei werden Unmengen von Rosen gezüchtet, um daraus Öl, Marmelade und Sirup herstellen zu können.

In der französischen Provence und in der italienischen Toskana sind es Lavendelblüten, in Griechenland und ebenfalls in Italien die Kürbisgewächse, vor allem Zucchiniblüten, die als Delikatessen auf dem Teller landen. Die Bedeutung der Holunderblüten und der zarten Blumen der Heilkräuter beschäftigt in Europa eine ganze Industrie.

Sehr beliebt in Speisen der fernöstlichen Küche sind Chrysanthemen und Dahlien, die vor allem gebacken gegessen werden.

Aber man braucht gar nicht so weit zu gehen. Elisabeth, die bayerische Herzogin, österreichische Kaiserin und Königin von Ungarn, hatte das Veilchenblau so gern, dass der Verzehr von Veilchen in ihren Schlössern Tradition wurde. Das kandierte Veilchen und das Veilcheneis sind mit Elisabeths Namen verbunden.

In meiner Heimat, in Ungarn, kommen die kleinen Blümchen der ländlichen Gärten in einfachen Speisen häufig vor, wie zum Beispiel die Blüten der Ringelblumen in der Fleischsuppe und in der Kräuterbutter. Beliebt sind auch Akazienblüten, deren in Teig getauchte Blütentrauben in Ungarn in heißem Öl gebacken werden. Wer Mut hat, genießt die Blumen unserer Gärten mit den aufregend und feinsten Geschmacksnoten der Welt.

„Bist du einmal traurig, so gehe in einen Wald, und du
wirst in jedem Baum, in jedem Busch, in jeder Pflanze und
in jedem Tier die Güte und Allmacht Gottes spüren."

(aus dem österreichischen Film „Sissi", 1955)

Veilchen

„Freue dich über das Schneeglöckchen, das Veilchen, die Kornblume und über die Stille des Waldes. Wenn du allein bist, freue dich darüber, dass du allein sein kannst. Wenn du nicht allein bist, freue dich auch darüber. Träume davon, was der Morgen bringt, und freue dich an dem, was heute ist."

(Albert Wass)

Geschmack der Sanftheit

Hätten Sie gedacht, dass das kleine, bescheidene Veilchen, das nach dem Schneeglöckchen als zweite Frühlingsblume das Neuerwachen der Natur anzeigt, als Lieblingsdessert Kaiser Neros in die Geschichte einging? Haben Sie gewusst, dass Kaiserin Elisabeth (Sisi) Veilcheneis und kandierte Veilchen über alles liebte? Vielleicht haben Sie sogar einmal Veilchenrezepte in Kochbüchern der Uroma gefunden?

In der Antike wurde Veilchenessenz benutzt, um Liebestränke zu brauen. Shakespeare hat diese Sitte im „Sommernachtstraum" verewigt. In den mittelalterlichen Klostergärten blühten Veilchen in großer Zahl, sie wurden von den Klosterbrüdern in Heilmitteln verarbeitet. In der gehobenen Gastronomie hat man dem Veilchen immer Ehre erwiesen, und doch ist es ein wenig in Vergessenheit geraten – vielleicht, weil man es nicht mehr so häufig findet.

Die milden Blumen betören mit ihrer ungewöhnlichen Duftkomposition und üben auf unsere Sinnesorgane eine geheimnisvolle Wirkung aus. Das Veilchen imponiert nicht nur mit seinem Duft, sondern auch mit dem feinsten Geschmack der Welt. Die Farbe des Veilchens ist das königliche Lila, der Farbton des Luxus und des ausgesuchten Styles. Obwohl man die Botschaft der kleinen Blümchen frisch nur kurze Zeit genießen kann, wird man umso mehr angeregt, das Duftgeschenk des Frühlings bis zur Neige auszukosten.

Meistens machen die ganz kleinen Dinge diese Welt wunderbar, das beste Beispiel dafür sind Veilchenblüten. Sie geben der alltäglichen Küche jenen Kick, der sie in höchste gastronomische Ebenen katapultiert. Das Ziel der folgenden Veilchen-Rezeptesammlung ist es, aus einfachen Zutaten elegante und charmante süße Leckerbissen zuzubereiten. Schon die Zubereitung trägt dazu bei, leidenschaftliche Momente zu erleben.

Duftveilchen, erste Frühlingsboten

Veilchen sind die ersten wohlriechenden Blüten des Frühlings. Das Duftveilchen *Viola odorata* wird im Volksmund auch Lila-Veilchen, Viole oder Venusblume genannt, ist eine ausdauernde Staude und gehört zur Familie der Veilchengewächse *Violaceae*. Es ist in Europa und Asien beheimatet, kommt aber auch in Nordamerika häufig vor. Es fühlt sich vor allem in Buchen- und Eichenwäldern, in kalkscheuen Wäldern sowie in Bergwäldern wohl.

Seine Wurzel entwickelt weit kletternde, dünne Ranken mit fadenähnlichen Nebenzweigen. Die 5 Nebenblätter des Veilchens sind länglich lanzettlich geformt. Die kugelige Blütennarbe ist quer sitzend, fein behaart und hat vorne eine lippenförmige Öffnung.

Nach dem antiken Mythos stammt der Name des Veilchens, Viola, von Io ab. Zeus, der Hauptgott der Griechen, liebte die Jungfrau Io, musste sie aber vor der Eifersucht seiner Frau schützen. So verzauberte er die Jungfrau in eine Kalbin, die auf einer Veilchenwiese graste, und das Veilchen wurde einige Jahrhunderte lang zum Symbol der Fruchtbarkeit und vor allem der Liebe. Nach einer anderen griechischen Sage wurden die zarten Blüten von der Göttin des Frühlings, Persephone, zum Leben erweckt.

Der am häufigsten genützte Bestandteil des Veilchens ist der unwiderstehliche, süße Blumenduft. In Südfrankreich und Italien werden daraus ätherische Öle hergestellt, die zu den teuersten der Welt gehören.

Das Veilchen zählt zu den bekanntesten der essbaren Blumen. Dank seines starken Duftes und süßen Aromas ist es für vielfältige Anwendungen geeignet. Man kann sowohl die größeren Gartenarten als auch die duftigeren Wildarten verwenden. Ich empfehle, nur aufgebrochene Veilchenblüten, möglichst kurz nach dem Auftrocknen des Morgentaus, zu pflücken. Geschmack und Aroma kommen nämlich dann am besten zur Geltung, und die Blüten sind zu dieser Zeit am schönsten.

Zur Essenszubereitung dürfen ausschließlich selbst angebaute oder selbst gepflückte Blüten aus schadstofffreier Umgebung verwendet werden. Pflanzen aus Gärtnereien sowie Pflanzen unbekannter Herkunft sind nicht genießbar.

Duftveilchen als Heilpflanze

Der aus frischen oder getrockneten Veilchen zubereitete Tee hat eine mild reinigende Wirkung. Das Duftveilchen ist Teil von Teemischungen gegen Bronchitis, Schlaflosigkeit und Kopfschmerzen und von Beruhigungs- und Anti-Schweißmitteln sowie ein exzellenter Hustenlöser, insgesamt also eine bedeutende Heilpflanze. In Teemischungen kommt das Veilchenaroma wunderbar zur Geltung, und es sollte in keinem beruhigenden und schlafförderndern Kräutertee fehlen.

Interessant

› In der chinesischen Kunstmalerei symbolisiert das Violett des Veilchens das Gemisch des roten Yang und des blauen Yin, also die vollkommene Harmonie.

› Im Hinduismus ist das Violett die Farbe des Kronenchakras.

› Das Veilchen ist eine der wichtigsten Nahrungsquellen vieler Schmetterlings- und Falterlarven.

› Homer stellte das Bett von Zeus und Hera als einen weichen Veilchenteppich dar.

› Die Veilchensamen werden durch Ameisen verschleppt. Die Ameisen ergreifen den Samen an seinem Anhängsel (Elaiosom) und schleppen den Samen weiter. Dann trennen sie den Samen ab und fressen das Elaiosom „als Belohnung".

› Goethe trug während seiner Waldspaziergänge immer Veilchensamen bei sich. Er verstreute sie überall und sagte damit der Natur für ihre Schönheit Dank.

› Der fünfte Hochzeitstag ist als „Veilchenhochzeit" bekannt.

› In England ist die traditionelle Farbe der Schokoladenverpackung das Violett, weil diese Farbe Luxus symbolisiert.

› In der Blumensprache bedeutet das Verschenken eines Veilchens: „Ich bin dir über alle Maßen zugeneigt."

› Das lilafarbige Veilchen ist das Symbol der Bescheidenheit, der Dankbarkeit, der Vorsicht und der Treue. Das weiße Veilchen bedeutet Glück und Erneuerung.

Veilchen
REZEPTE

Veilchenessig

ZUTATEN:
• 0,5 l Weinessig • 2 EL Honig • 3–4 Handvoll Duftveilchen

› Die Veilchenblüten mit fließendem Wasser abspülen, auf einem Papiertuch verteilen und trocknen lassen.

› Den Weinessig in ein entsprechendes Glas mit breiter Öffnung füllen, den Honig zugeben. Dann die Stiele der Veilchen entfernen und die Veilchenblüten in den Honigessig legen.

› Das Glas sorgfältig verschließen, mindestens sechs Wochen lang stehen lassen. Den Inhalt des Glases in den ersten Wochen alle zwei Tage aufschütteln.

› Den fertigen Veilchenessig filtern und in kleine Flaschen füllen. Kühl und dunkel lagern.

Zu Grünsalaten ein ausgezeichneter, milder und aromatischer Essig, der jeden Salat verfeinert. Je länger der Essig gereift ist, desto zarter ist sein Geschmack.

Guten-Morgen-Salat

Ein vitaminreiches einfaches Frühstück, mit dem die Morgenzeit ein Vergnügen wird! Die Blüten sind am frühen Morgen nicht nur eine Augenweide, Duft und Aroma der Blüten bilden zusammen mit den anderen Zutaten des Salats auch eine ganz besondere Mischung. Dieser Salat ist eine Quelle der Freude und Vitamine.

ZUTATEN:
• Je 1 Bündel Rettich und Frühlingszwiebeln • eine Handvoll frische Gartenkräuter, z.B.: Vogelmiere, Schafgarbe, Wiesen-Sauerampfer, junge Blätter vom Löwenzahn • 1 Strauß Veilchenblüten • Salz • 2 EL Olivenöl • 1 EL Balsamessig • ggf. einige gekochte Eier

› Den Rettich reinigen und zündholzdünn schneiden, die Frühlingszwiebeln ebenfalls reinigen und in Ringe schneiden.

› Die grünen Kräuterblätter abspülen, gründlich abtropfen lassen, die großen Blätter zerreißen und mit den Veilchenblüten ohne Stiel zum Rettich und zur Zwiebel geben.

› Den Balsamessig mit einer Prise Salz und Olivenöl mischen und mit dem Salat vermengen.

› Vor dem Servieren in Scheiben geschnittene gekochte Eier zugeben.

› Mit Butterbrot servieren. Ein Glas frisch gepresster Orangensaft schmeckt dazu vorzüglich.

Avocadocreme mit Veilchen

ZUTATEN:
• 1 reife Avocado • 1 Orange • 0,05 l Olivenöl • Salz • ca. 2–3 Zehen Knoblauch • ein großer Veilchenstrauß

› Die Avocado schälen, das Avocadofleisch in kleine Stücke schneiden und mit dem Saft der Orange begießen.

› Das Olivenöl und die Knoblauchzehen zugeben, glatt mixen oder ganz fein pressen.

› Mit abgeriebener Orangenschale abschmecken und salzen. Einige Stunden kühl durchziehen lassen, damit die Aromen sich entfalten.

› Auf frisches Brot streichen und mit Veilchenblüten reich dekorieren.

› Hat man frischen Rettich oder junge Salatblätter zur Verfügung, kann man damit eine noch reichere Frühlingsgeschmack-Kaskade aufs Sandwich zaubern.

Frühlingswiese-Sandwich

Zum Frühstück, zum Nachmittagskaffee oder fürs Büfett ... diese Sandwiches sehen zu jedem Anlass hübsch aus und schmecken herrlich! Die ungewöhnliche Geschmackskombination ist verführerisch, die Herstellung kinderleicht. Bereiten Sie das gesunde, nahrhafte und vitaminreiche Sandwich doch gemeinsam mit den Kindern zu!

....

ZUTATEN:
• Vollkornbrot-Scheiben • 200 g Quark • 50 g Butter • 1 EL Sauerrahm • Salz • 1 Bündel Radieschen • eine große Handvoll frische Gartenkräuter: Vogelmiere, Schafgarbe, Giersch, Wiesen-Sauerampfer • ein großer Veilchenstrauß

....

› Den Quark mit einer Gabel zerdrücken oder durch ein Sieb drücken.

› Mit der weichen Butter, dem Sauerrahm und einer Prise Salz vermengen.

› Die Brotscheiben mit der Quarkcreme bestreichen, dann fein geschnittene Radieschen, Gartenkräuter und die Veilchenblüten auf die Sandwiches legen.

› Gleich servieren und genießen!

Gourmets schmecken die Quarkcreme noch mit Honig ab.

Frühlings-Kräuterbutter

ZUTATEN:

• 150 g frische Butter • 1 Prise Salz • 1 EL Olivenöl • 1 TL Zitronensaft
• eine Handvoll Frühlingskräuter: Veilchenblüten, Gänseblümchen, junge Schafgarbe, Kerbel

---

› Die weiche Butter mit einer Prise Salz, einem TL Zitronensaft und einem TL Olivenöl glatt rühren.

› Die Frühlingskräuter abspülen, auf einem Papiertuch trocknen lassen, in sehr kleine Stücke reißen oder schneiden, dann zur weichen Butter beifügen.

› Aus der Kräuterbutter eine Rolle formen, in Küchenfolie einpacken und in den Kühlschrank stellen.

› Einige Stunden ziehen lassen, auf frischem Brot servieren, oder zu gegrillten Fleisch- oder Gemüsegerichten anbieten.

Im Vorfrühling kann man, abhängig vom Blumenangebot aus dem Schatz des Gartens, immer neue Frühlings-Kräuterbutter mit verschiedenen Aromen zubereiten.

Ziegenkäse mit Veilchen-Vinaigrette

Ein besonderes Geschmacksbouquet bietet diese köstliche und herzerfreuende Vorspeise. 17 Augenblicke des Frühlings in einem Häppchen.

....

ZUTATEN:
• 300 g Ziegenfrischkäse oder Ziegenquark • 100 g Butter • Salz • 2 Frühlingszwiebeln • 2 Rettiche • 1 Bündel Petersilie • Saft einer halben Zitrone • 1 TL Zucker • 2 EL Walnussöl • 1 großer, frischer Veilchenstrauß • 2 EL getrocknete Veilchenblüten

....

› Den Quark und die Butter mit einer Prise Salz durchmengen, aus der Quark-Butter-Masse mit befeuchteten Händen walnussgroße Kügelchen formen oder die Quark-Butter-Masse in herzförmige Bonbonformen drücken, um die Häppchen noch schöner zu machen. Dann abkühlen lassen.

› Aus dem sehr fein geschnittenen Rettich, den gehackten Frühlingszwiebeln und den zerkleinerten Frühlingskräutern ein buntes Gemisch herstellen, mit einer Prise Salz, Zucker, Zitronensaft, Öl und Veilchenblüten abschmecken.

› Die erstarrten Käsehäppchen einzeln mit getrockneten Veilchenblüten panieren, auf eine Platte legen, anschließend mit der Veilchenvinaigrette begießen.

› Mit frischen Backwaren servieren.

Ein Tropfen Chiliöl harmoniert perfekt mit diesem Gericht.

Gründonnerstags-Suppe

Die Veilchenblüte ist eine klassische Zutat der in Mitteleuropa beliebten traditionellen Gründonnerstag-Suppe. Die anderen grünen Zutaten: junge Schafgarbe, Wegerich, Gänseblümchen, Wiesen-Sauerampfer, Brennnessel, Gundelrebe, Vogelmiere – kommen aus dem Frühlingsgarten in die Küche. Die frischen, grünen Kräuter verwöhnen mit ihrem Geschmack und sind reich an Vitaminen.

....

ZUTATEN:
• 2 TL Olivenöl • 3 Frühlingszwiebeln • 400 g Kartoffeln • 3 Handvoll frische Wiesenkräuter: junge Schafgarbe, Wegerich, Gänseblümchen, Wiesen-Sauerampfer, Brennnessel, Gundelrebe, Vogelmiere, Löwenzahnblätter • 1 Veilchenstrauß • Salz • bunter Pfeffer • 0,1 l Sauerrahm

ZUM SERVIEREN: • geröstete Semmelwürfel

....

› Die klein geschnittenen Frühlingszwiebeln in Olivenöl andünsten, die in Würfel geschnittenen Kartoffeln zugeben.

› Mit 0,8 l Wasser aufgießen, salzen und zugedeckt kochen, bis die Kartoffeln gar sind.

› Die Wildpflanzen zur kochenden Suppe geben. Ca. 3 Minuten kochen, vom Herd nehmen, dann mit dem Stabmixer pürieren.

› Mit ein wenig buntem Pfeffer und dem Sauerrahm abschmecken. Mit Veilchenblüten reich bestreuen und mit gerösteten Semmelwürfeln servieren.

VEILCHEN – PIKANT

Käseroulade

ZUTATEN:
• 5 Eier • 100 g Frischkäse • 100 g Butter • 1 TL Senf • Salz • weißer Pfeffer • 12 große Scheiben reifer Trappistenkäse • 100 g geriebener Hartkäse • 9 Scheiben gekochter Schinken • 1 großer Veilchenstrauß

› Die Eier hart kochen, abkühlen lassen, pellen, mit der Gabel pürieren oder grob reiben.

› Mit dem Frischkäse, der Butter und den Gewürzen vermengen.

› Die Käsescheiben so auf ein mit Backpapier ausgelegtes Backblech legen, dass sie ein wenig überlappen. Mit geriebenem Käse gleichmäßig bestreuen, dann in den heißen Backofen schieben und einige Minuten backen, bis der Käse schmilzt.

› Aus dem Backofen nehmen und mit Schinkenscheiben bedecken. Die Eiercreme gleichmäßig darauf verteilen.

› Mit den entstielten Veilchenblüten bedecken und aufrollen. In Küchenfolie einpacken und einige Stunden kühlen.

› Vor dem Servieren mit einem scharfen Messer in Scheiben schneiden.

Bärlauch-Veilchen-Quarkcreme

Bärlauch und Veilchen freuen sich im Wald gleichzeitig über den Frühling. Die Bärlauchblätter recken sich zum Licht, die kleinen Veilchen verstecken sich bescheiden in ihrem Schatten. Die Vitamine und die Frische des Bärlauchs können mit dem feinen Aroma des Veilchens kombiniert werden. So kommt eine aufregende Frühlingsspeise auf den Tisch!

ZUTATEN:
- ca. 10–12 Bärlauchblätter • 1 großer Veilchenstrauß • 400 g Quark
- Salz • gemahlener Pfeffer

› Den gewaschenen Bärlauch fein schneiden, die Stiele der Veilchenblüten entfernen.

› Den Quark mit einer Gabel zerdrücken, salzen, mit Pfeffer würzen, dann die Bärlauchblätter und die Veilchenblüten untermengen.

› Bis zum Servieren zugedeckt abkühlen lassen.

› Mit frischem Brot zum Frühstück oder mit gekochten Kartoffeln als leichtes Frühlingsabendessen servieren.

Rote-Bete-Nudeln mit Kerbel-Veilchen-Joghurt

Während der Blütezeit der Veilchen gibt es in Hülle und Fülle noch Rote Bete aus dem Vorjahr. Nicht nur die Farben der beiden harmonieren – auch die Aromen tun es! Probieren Sie es, die Mühe lohnt sich.

....

ZUTATEN:
• 2 Eier • 50 g Rote Bete • ca. 400–450 g Mehl • Salz • 2 EL Öl • 1 TL bunter Pfeffer • 0,2 l Joghurt • je 1 Strauß Duftveilchen und Kerbel • 4 hart gekochte Eier

....

› Die Rote Rübe ganz fein reiben, dann mit den Eiern und ein wenig Salz vermengen. Mehl zufügen.

› Kneten, um einen mittelharten Teig zu erhalten. Kurze Zeit ruhen lassen, dann dick ausrollen und in Streifen schneiden.

› In viel kochendem Wasser kochen, bis die Nudeln an der Oberfläche schwimmen. Das Wasser abgießen, Öl zugeben und mit frisch gemahlenem buntem Pfeffer würzen.

› Veilchen und Kerbel fein hacken und unter das Joghurt rühren, ein wenig salzen.

› Die fertigen Nudeln mit aufgeschnittenen gekochten Eiern und der feinen Sauce sofort servieren.

Die Rote-Bete-Nudeln sind eine wunderbare Beilage zu saftigen Fleischgerichten.

Veilchen-Geflügelcocktail

Überraschend und gewinnend! Mit dem Geflügelcocktail kann ein Frühlingsmenü aromatisch eingeleitet werden. Der Geflügelcocktail kann aber auch die Ouvertüre zu einem besonderen Abendessen mit Sekt sein!

....

ZUTATEN:

• 0,1 l halbtrockener Weißwein • zwei große Veilchensträuße • 100 g gekochte oder gebratene Hühnerbrust • Saft einer Zitrone • 1 TL Curry • eine Prise Salz und gemahlener Nelkenpfeffer • 1 Handvoll Salat: Feldsalat, Eissalat oder Rucola • Rettich • Tomate • 1 trockenes Brötchen

....

› Am Vortag die Stiele der Blüten eines Veilchenstraußes entfernen, die Veilchenblüten im Wein einweichen.

› Den Zitronensaft mit den Gewürzen mischen, auf die feinen Hühnerbruststreifen gießen und gut unterrühren. Abkühlen lassen.

› Die Salate und den Rettich reinigen, in kleine Teile reißen oder schneiden, dann den Veilchenwein filtern, die Salate damit begießen und abkühlen lassen. Inzwischen das Brötchen in Würfel schneiden und anbraten.

› Vor dem Servieren das Fleisch mit dem Salat vermengen, die Semmelwürfel und die restlichen frischen Veilchenblüten sorgfältig unterheben und sogleich servieren.

Kandierte Sisi-Veilchen

Nach zeitgenössischen Beschreibungen liebte die ungarische Königin Elisabeth lilafarbene Genüsse. Das Veilchen war eine ihrer Lieblingsblumen. Im Frühling duftete es nicht nur an Waldrändern der Heimat der Königin, sondern auch im Garten des Schlosses von Gödöllő. So wurde in der Veilchensaison eine Menge kandierter Blüten zubereitet, um Gebäck, Desserts und Eis damit verzieren zu können.

....

ZUTATEN:
• ein großer Strauß voll erblühter Veilchen • 1 Eiweiß • 100 g Puderzucker

....

› Das Eiweiß mit einer Gabel schaumig schlagen es soll zwar aufgeschlagen, aber noch flüssig sein.

› Die Stiele der Veilchen so weit entfernen, dass ein kleiner Teil davon übrig bleibt, um die Veilchen mit den Fingern festhalten zu können.

› Die einzelnen Veilchenblüten in Eiweiß eintauchen, oder mit dem schaumigen Eiweiß dünn bestreichen, anschließend mit Puderzucker bestreuen.

› Auf Gitter oder Fettpapier legen und einige Stunden trocknen lassen. Dazwischen einige Male mit Puderzucker (Sieb verwenden) bestreuen.

› Mit den kandierten Veilchen können Kuchen bzw. Desserts verziert werden.

Auf ähnliche Weise kann man ganze Rosenköpfe, Rosenknospen, Lavendel, Flammenblumen, Stiefmütterchen, Akazienblüten und noch viele andere Blüten kandieren. Große Blüten eher ins aufgeschlagene Eiweiß eintauchen und dann mit Puderzucker bestreuen (Sieb verwenden).

Erdbeerküsschen

Für diesen Leckerbissen benötigt man kleine Bambusstäbchen, Schaschlikstäbchen oder Cake-Pop-Stiele. Daneben muss etwas zur Hand sein, in das die Schokolade-Erdbeeren hineingesteckt werden, bis sie erstarren. Dafür eignen sich z. B. ein Stück Schaumstoff oder gekochte Kartoffeln, die in ein entsprechendes Gefäß gelegt werden (sie können später weiterverwendet werden).

....

ZUTATEN:

• 12–15 schöne Erdbeeren • 150 g weiße Schokolade • kandierte Veilchenblüten

....

› Die Erdbeeren abspülen, auf ein Papiertuch legen und trocknen lassen.

› Die Schokolade in kleine Stücke brechen und über Wasserdampf schmelzen.

› Die einzelnen Stäbchen ca. 20 bis 30 Millimeter tief in die Schokolade tauchen, etwas abkühlen lassen. Bevor die Schokolade ganz fest wird, ein Stäbchen in die Erdbeere stecken und die Hälfte der Erdbeere in die flüssige Schokolade tauchen.

› Auf den getunkten Teil der Erdbeere ein kandiertes Veilchen setzen und erstarren lassen.

Das absolut perfekte Dessert für einen Liebesabend!

Sorbet, das Lieblings-dessert Kaiser Neros

Eine Lieblingsspeise Kaiser Neros soll das Veilchensorbet gewesen sein. Das für die Zubereitung erforderliche Natureis soll von den Bediensteten direkt aus den Gletschern der Alpen geliefert worden sein. Ob das der Wahrheit entspricht oder ein Märchen ist, weiß niemand, sicher ist jedoch, dass Kaiser Nero einen ausgeprägten Geschmacksinn besaß.

....

ZUTATEN:

• 0,05 l Veilchensirup • 0,15 l halbsüßer Roséwein • Saft von 2 Orangen • 2 Eiweiß

....

› Veilchensirup, Wein und den Saft der Orangen in die Eismaschine (oder in ein gut verschließbares Gefäß) gießen, verrühren und ins Tiefkühlfach geben.

› Während der Zubereitung einige Male durchrühren oder die Eismaschine rühren lassen.

› Nach ca. 1 bis 2 Stunden, wenn die Eismasse cremig genug ist, steif geschlagenes Eiweiß unterheben, dann weiterrühren und wiederum gefrieren lassen.

› Das fertige Sorbet in schöne Gläser füllen. Vor dem Servieren mit frischen oder kandierten Veilchenblüten dekorieren.

Erdbeer-Veilchen-Joghurtdessert

Ein Duett von Erdbeere und Veilchen ist ungewöhnlich, aber sowohl die Erdbeere als auch das Veilchen sind Boten des Frühlings und der Liebe. Man kann daraus unwiderstehliche Desserts zaubern!

....

ZUTATEN:

• 300 g Erdbeeren • 4 EL Erdbeer- oder Veilchenlikör • 0,2 l Joghurt
• 2 EL Blütenhonig • 1 Zitrone • 2 große Veilchensträuße • 8 Stk.
Löffelbiskuit

....

› Erdbeeren reinigen, große Erdbeeren in Stücke schneiden, kleine halbieren. Mit Erdbeerlikör, besser aber mit Veilchenlikör begießen.

› Joghurt mit dem Honig, 1 EL Zitronensaft und ein wenig abgeriebener Zitronenschale vermengen, dann die Veilchenblüten zugeben.

› Die Löffelbiskuits in vier Glasbecher oder Kompottschalen verteilen. Die Likörerdbeeren gleichmäßig darübergeben, das Veilchenjoghurt als nächste Schicht einfüllen, dann abkühlen lassen.

› Vor dem Servieren mit hauchdünnen Zitronenzesten und Veilchenblüten dekorieren.

Buttercreme mit Honig und Veilchen

ZUTATEN:
• 100 g Butter • 3 EL Honig • 1 Veilchenstrauß

› Die weiche Butter mit dem Honig und den Blüten ohne Stiel vermengen, dann in ein gut verschließbares Gefäß geben.

› Einige Stunden kühl stellen, damit die Aromen reifen können.

Die Honig-Veilchen-Buttercreme ist ein besonderer Sonntagsaufstrich für trockenen Kuchen oder frische Backwaren, besonders geeignet für den Osterbrunch.

Je dickflüssiger und kristallisierter der Honig ist, desto samtiger vermischt er sich mit der Butter. Möglichst Raps- oder Blütenhonig wählen.

Orangencreme mit Veilchen

Südfrucht des Winters trifft Veilchenblüte. Ein Duett des orangenfarbenen Südens und des veilchenblauen Ostens. Die Aromen sprechen für sich: mild, seidig, wie der Frühlingshauch auf schwellenden Knospen.

ZUTATEN:
• 4 Orangen • ca. 0,2 l Orangensaft • 1 Pkg. Vanillepuddingpulver • ca. 5–6 EL Zucker • 1 Strauß Veilchen • 200 g Mascarpone • 2 EL Veilchenlikör

› Die Orangen gründlich waschen, dann trocknen lassen. Das obere Drittel der Orangen abschneiden, dann aushöhlen und das Fruchtfleisch beiseite stellen.

› Die ausgehöhlten Orangen in Küchenfolie einpacken und kühl stellen.

› Das Fruchtfleisch ausdrücken, den Saft sammeln und mit Orangensaft aufgießen, um 0,5 l Saft zu erhalten. Das Puddingpulver mit der Hälfte des Zuckers im Saft glatt rühren, dann unter ständigem Rühren zum Kochen bringen.

› Vom Herd nehmen, mit den Veilchenblüten bestreuen, dann abkühlen lassen.

› Die lauwarme Creme mit dem restlichen Zucker und Mascarpone glatt rühren, eventuell mit einigen Tropfen Veilchenlikör abschmecken. Die Veilchen-Orangen-Creme in die ausgehöhlten Orangen füllen. Bis zum Servieren in den Kühlschrank stellen.

Wenn Sie keine Lust haben, Orangen auszuhöhlen, können Sie die Creme auch einfach mit Orangensaft zubereiten und sie in eleganten Sektgläsern servieren. Wenn Sie die Creme noch reicher machen wollen, zählen Sie nicht die Kalorien und verfeinern Sie sie mit 0,2 l geschlagener süßer Sahne. So wird die Creme noch lockerer und verführerischer!

Veilchen-Quarkpudding

Mit blauen Veilchen wird der Quarkpudding zu einem attraktiven, mit weißen Veilchen zu einem geheimnisvollen Dessert.

....

ZUTATEN:
- 400 g Quark • 0,15 l Sahne • 150 g Puderzucker • 4 Gelatineblätter
- 2 große Veilchensträuße • 1 Zitrone

....

› Aus dem Puderzucker mit 0,1 Liter Wasser und dem Saft der Zitrone einen Sirup kochen.

› Gelatine in kaltem Wasser einweichen, ausdrücken, in einem Löffel heißem Sirup auflösen und erst dann unter den Sirup rühren.

› Den Quark durch ein Sieb passieren, mit der aufgeschlagenen Sahne auflockern, dann den abgekühlten Gelatinesirup unterheben.

› Die Veilchenblüten und die abgeriebene Zitronenschale sorgfältig unterrühren, dann in mit kaltem Wasser ausgespülte kleine Formen füllen.

› Den Quarkpudding mindestens zwei Stunden im Kühlschrank kühlen. Vor dem Servieren die Form in heißes Wasser tauchen und den Pudding stürzen, mit Veilchenblüten dekorieren.

Der Quarkpudding kann, je nach Anlass, mit Veilchensirup oder Eierlikör serviert werden.

Süße Veilchensülze

ZUTATEN:
• ca. 5–6 Sträuße Veilchen • 120 g Zucker • Saft einer Zitrone • 6 Gelatineblätter

› Den Zucker in 0,4 Liter Wasser auflösen, dann zum Kochen bringen.

› Die entstielten Veilchenblüten und den ausgepressten Zitronensaft zugeben, vom Herd nehmen und zugedeckt abkühlen lassen.

› Gelatine in kaltem Wasser einweichen, auspressen und in etwas heißem Sirup auflösen. Das kühl gewordene Zucker-Veilchen-Wasser durch ein Sieb seihen. Die flüssige Gelatine zugeben und unterrühren.

› In mit Wasser ausgespülte kleine Formen füllen und für einige Stunden in den Kühlschrank stellen.

› Die Farbe sollte zart Blau bis Rot sein. Haben die Veilchen zu wenig Farbe abgegeben, kann mit einer Prise Rote-Bete-Pulver nachgeholfen werden.

II. Sulzen (Gelees).

1. Veilchensulz. *Gelée aux violettes.* (3 Stunden, 1 Port. = 57 [7] Kal. = 85 Nem.)

		Gramm		
		Eiweiß	Fett	Kohlenhydr.
Weißwein ¼ l . . . . à	S	—	—	—
Wasser ¼ l . . . . "	"	—	—	120
Zucker 12 dkg . . . . "	"	*	—	*
Saft und Schalen von 1 Zitrone . . "	"	18	—	—
Gelatine 2 dkg . . . . "	"	*	—	—
Klar von 3 Eiern . . . . "	"	—	—	—
Wasser ¹/₁₆ l . . . . "	"	—	—	—
Frische Veilchen 2 Sträußchen . . . "	"	—	—	—
Wasser ⅛ l. . . . . "	"	—	—	—
Veilchenessenz (Veilchenabsud) einige				
Tropfen . . . . "		—	—	—
Für 10 Personen S		18	—	120

Wärmeeinheiten 566

Weißwein und Wasser werden mit Zucker, Zitronensaft und -Schalen aufgekocht, in kaltem Wasser geweichte Gelatine wird dazugegeben und beiseitegestellt. In einem Topf verrührt man Eierklar mit kaltem Wasser, gibt unter beständigem Rühren die heiße Sulz dazu und zuletzt das Wasser, mit dem man frische Veilchen abgebrüht hat, sowie einige Tropfen Veilchenessenz. Nachdem das Ganze aufgekocht hat, läßt man es auf dem Rand des Herdes kurze Zeit ruhig stehen und seiht es darnach durch ein gespanntes Seihleinen. Man gibt die Sulz in kleine mit kaltem Wasser ausgeschwenkte Formen, die man in Eis stellt und vor dem Gebrauch stürzt.
Die gestürzten Formen können mit frischen Veilchen verziert werden.
Falls die Farbe der Sulz zu licht ist, kann man mit einigen Tropfen gemengten roten und blauen Bretons nachfärben.

Bayerische Creme mit Veilchenduft

....

ZUTATEN:
• 1 l Sahne • 200 g Zucker • ca. 4–5 Sträuße Veilchen • 6 Eier • 25 g Gelatine

....

› 0,1 l Sahne, die Hälfte des Zuckers und die entstielten Blüten mischen und bei niedriger Hitze zum Kochen bringen. Zugedeckt abkühlen lassen.

› 6 Eigelb mit dem restlichen Zucker schaumig rühren, die gefilterte Veilchensahne zugeben, dann die restliche Sahne langsam zugießen und über Dampf mit Schneebesen oder Handrührgerät schlagen, bis die Masse dick wird.

› Vom Herd nehmen, kurze Zeit abkühlen lassen, die in wenig Wasser aufgelöste Gelatine und das vorher steif geschlagene Eiweiß zugeben.

› In mit kaltem Wasser ausgespülte Formen füllen und kühlen. Vor dem Servieren mit frischen oder kandierten Veilchenblüten dekorieren.

Weiße Schokoladencreme mit Veilchen im Schokoladenei

Eine süße Osterköstlichkeit, für die zweierlei Schokolade und das zarte Aroma des Veilchens vermischt werden. Ein Schokoladenei, gefüllt mit zarter Creme, ist die beste Wahl.

....

ZUTATEN:

• 8 hohle, fertige Schokoladeneier • ein großer Veilchenstrauß • 200 g weiße Schokolade • 0,1 l Sahne • 2 EL Eierlikör • kandierte Veilchenblüten

....

› Der Sahne die Veilchen zugeben, bei niedriger Hitze langsam zum Kochen bringen, dann zugedeckt abkühlen lassen.

› In die Schokoladeneier oben mit einem spitzen Messer Löcher von ca. 10 mm Durchmesser bohren, dann die Schokoladeneier in Eierbecher oder Likörgläser setzen.

› Die in kleine Stücke gebrochene Schokolade schmelzen und mit der gefilterten Veilchensahne und dem Eierlikör vermischen.

› Die leicht abgekühlte Creme mithilfe eines Spritzbeutels in die bereitgestellten Schololadeneier füllen. Die gefüllten Eier in den Kühlschrank stellen und mindestens einen halben Tag fest werden lassen.

› Die Eier werden vor dem Servieren „skalpiert" (wie weich gekochte Eier), damit die schöne Veilchencreme zum Vorschein kommt. Mit kandierten Veilchen dekorieren.

Verführerisches Dessert

Eine zur Liebe verführende harmonische Mischung ist die Komposition aus Veilchen, Rosen und Erdbeeren. Ein idealer Nachtisch für ein Menü am Valentinstag.

....

ZUTATEN:
• 200 g Erdbeeren • 50 g Puderzucker • 0,2 l Rosensirup • 1 Pkg. Tortengeleepulver • 4 EL Veilchenlikör • kandierte Veilchenblüten

....

› Die gereinigten Erdbeeren mit Puderzucker bestreuen, dann mixen oder in der Küchenmaschine pürieren.

› Den Rosensirup und das Tortengeleepulver zugeben und in einen kleinen Topf füllen. Unter ständigem Rühren bei niedriger Hitze zum Kochen bringen.

› Das lauwarme Erdbeerdessert in Glasbecher füllen, mit je 1 EL Veilchenlikör begießen und kühlen.

› Vor dem Servieren mit Rosen-Schaumgebäck und kandierten Veilchenblüten krönen.

Hat man keine frischen Erdbeeren zur Hand, nimmt man tiefgefrorenes Erdbeermus oder Erdbeermarmelade mit hohem Fruchtanteil.

Veilchen-Pfannkuchen mit Veilchensirup

ZUTATEN FÜR 8 PFANNKUCHEN:
• 1 Ei • 150 g Mehl • eine Prise Salz • 1 TL Zucker • ca. 0,25 l Milch • Sodawasser

FÜRS BACKEN: • Öl • Veilchenblüten und Kerbelblätter

FÜR DIE VEILCHENCREME:
• 200 g Ricotta • 50 g Puderzucker • 0,1 l Sahne • eine Handvoll Veilchenblüten

FÜR DEN SIRUP: • 2 EL Blütenhonig • ein großer Veilchenstrauß

> Sirup bereiten: Honig mit 0,1 l Wasser in einen kleinen Topf füllen. Veilchenblüten zugeben, dann bei geringer Hitze 8 bis 10 Minuten kochen. Der Sirup übernimmt Duft und Farbe der Blüten.

> Creme vorbereiten: Ricotta mit dem Zucker vermischen, dann die geschlagene Sahne und die Veilchenblüten unterrühren.

> Pfannkuchen herstellen: Ei mit einer Prise Salz und dem Zucker aufschlagen, dann das Mehl und die Milch langsam zugeben, anschließend glatt rühren. Mit ein wenig Sodawasser verdünnen, dann in einer kleinen und mit Öl gefetteten Pfanne Pfannkuchen backen.

> Nach dem Eingießen des Teigs in die Pfanne jeden Pfannkuchen mit Veilchenblüten und Kerbelblättern bestreuen und fertigbacken.

> Die einzelnen Pfannkuchen dünn mit der Blütencreme bestreichen, aufrollen, vor dem Servieren mit dem Veilchensirup begießen oder mit Puderzucker bestreuen.

Veilchen-Schokoladen-Kuchen

Veilchen und Schokolade passen gut zusammen. Der Kuchen kann entweder mit dunkler oder heller Schokolade zubereitet werden abhängig davon, ob man die intensiv-berauschende oder die seidig-milde Geschmacksrichtung bevorzugt.

....

ZUTATEN FÜR DEN MÜRBTEIG:
• 150 g Mehl • 100 g Butter • 50 g Puderzucker • 1 Eigelb • 1 Pkg. Vanillezucker • ein wenig abgeriebene Zitronenschale

SCHOKOLADENCREME:
• 150 g Schokolade (Bitterschokolade oder weiße Schokolade von guter Qualität) • 2 Eier • 1 Eigelb • 0,1 l Sahne • 40 g Butter • 1 großer Veilchenstrauß • 1 EL Veilchensirup

....

› Die Zutaten schnell zu einem Teig verarbeiten, in Küchenfolie einpacken und mindestens eine Stunde in den Kühlschrank legen und ruhen lassen.

› Dann auf einem mit Mehl bestreuten Brett ca. 3 bis 4 mm dick ausrollen. 4 kleine Kuchenförmchen (Durchmesser ca. 100 mm) bereitstellen. Den Teig darin verteilen. Mit einer Gabel mehrmals in den Boden stechen, dann bei 180 °C hell backen.

› Für die Creme: Sahne bis kurz vor dem Siedepunkt erhitzen. Eier und Eigelb schaumig rühren und mit der heißen Sahne vermengen. Nochmals kurz erhitzen, dabei ständig rühren und sehr schnell wieder vom Herd nehmen.

› In die warme Eiersahne die klein gebrochene Schokolade geben, rühren, bis die Schokolade geschmolzen ist.

› Jetzt den Veilchensirup langsam zugießen, die sehr weiche Butter und die Veilchenköpfe zugeben, anschließend die gut verrührte Creme in den Backformen gleichmäßig verteilen.

› Die kleinen Kuchen ins Backrohr zurückschieben und im auf 120 °C vorgeheizten Backofen ca. 8 bis 10 Minuten backen. Mit Puderzucker bestreuen, vor dem Servieren mit kandierten Veilchen dekorieren.

Veilchen-Bonbons

Nach Angaben in alten Kochbüchern stammt diese Süßigkeit, die dem Marzipan ähnlich ist, aus dem 16. Jahrhundert. Es lohnt sich, sie nachzukochen.
In einer schön verzierten Bonbonniere finden Veilchenbonbons einen entsprechenden Platz, bis sie vernascht werden.

....

ZUTATEN:
• zwei große Veilchensträuße • 4 EL Blütenhonig • 50 g Butter • 150 g Mandeln • 2 EL Veilchenlikör • 50 g getrocknete Veilchenblüten • 50 g Zucker

....

› Die Blütenstiele entfernen, die Blütenköpfe in Honig ca. 2 bis 3 Minuten kochen. Bei niedriger Hitze sorgfältig rühren, sonst brennt die Bonbonmasse an!

› Vom Herd nehmen und abkühlen lassen, dann mit der weichen Butter, den sehr fein gemahlenen Mandeln und dem Veilchenlikör vermengen.

› Die Masse in ein gut verschließbares Gefäß füllen und für einige Stunden in den Kühlschrank stellen.

› Aus der abgekühlten Bonbonmasse mit befeuchteten Händen ca. 15 bis 20 mm große Kügelchen formen. Die kleinen Kugeln werden einzeln in einer Mischung aus Zucker und getrockneten Veilchenblüten gewälzt.

Wiener Veilchentorte

In einem k.k. Wiener Kochbuch aus dem Jahre 1906 fanden wir dieses Rezept zusammen mit anderen Veilchendelikatessen. Die „kaiserliche" Torte gehört auf den Tisch von jedem, der während der Blütezeit der Veilchen Geburtstag feiert!

....

ZUTATEN:
- 7 Eier • 140 g Zucker • 140 g geschälte gemahlene Mandeln • 50 g Biskuitbrösel

FÜR DIE TORTENFÜLLUNG: • 0,5 l Sahne • 6 Gelatineblätter • 0,05 l Veilchenlikör
• 80 g Puderzucker • 4 frische Veilchensträuße

....

› Eier trennen. Eigelb mit dem Zucker schaumig rühren, die fein gemahlenen Mandeln und die Biskuitbrösel zugeben, dann das steif geschlagene Eiweiß darunterheben.

› Die Tortenmasse in eine mit Backpapier ausgelegte Tortenform füllen, bei 180 °C einen Biskuitteig backen (etwa 30 Minuten).

› Für die Creme die Sahne mit dem Puderzucker schaumig schlagen. Gelatine in kaltem Wasser einweichen, ausdrücken und in erhitztem Veilchenlikör auflösen. Unter die Sahne heben.

› Biskuit nach dem Erkalten zwei Mal durchschneiden. Die Creme auf den drei Tortenblättern verteilen, jede Schicht dicht mit Veilchen bestreuen.

› Die Oberfläche der Torte zusätzlich mit frischen oder kandierten Veilchenblüten dekorieren.

---

16. Veilchentorte. *Tarte aux violettes.* (3 Stunden, 1 Port. = 503 [37] Kal. = 754 Nem.)

Dotter 7	Klar von 7 Eiern	Weiße Glasur (siehe S. 526/3)
Zucker 14 dkg	Biskuitbrösel 3 dkg	Rotes und blaues Breton,
Mandeln 14 dkg	Butter und Mehl für die Form	einige Tropfen
Schokolade 10 dkg	Schlagobers ¼ l	Angelika 3 dkg
Kakao ½ dkg	Zucker 3 dkg	Verzuckerte Veilchen 8 St.

Dotter werden mit Zucker schaumig gerührt und die ungeschälten, geriebenen Mandeln, geriebene Schokolade, Kakao und der steife Schnee von Eierklaren daruntergemischt.

Das Gemenge wird in einer befetteten und bemehlten Tortenform langsam gebacken, nach dem Erkalten wagrecht durchgeschnitten und mit steifem, gezuckertem Schlagobers oder mit Schokoladecreme gefüllt.

Die Torte wird mit lila Glasur (das ist eine weiße Glasur, die man mit einigen Tropfen roten und blauen Bretons gefärbt hat) überzogen und mit Angelika und verzuckerten Veilchen verziert.

Veilchentorte

„Die Kakaobiskuittorte mit Schlagsahne füllen, mit der Glasur überziehen, die mit roter und blauer Bretonfabe lila gefärbt ist, und mit kandierten echten Engelwurzen und Veilchen dekorieren." Das Zitat stammt aus einem uralten Kochbuch mit vergilbten Seiten. Ich habe das Rezept vereinfacht und modernisiert.

....

ZUTATEN FÜR DEN BISKUITTEIG:
• 6 Eier • 6 EL Mehl • 6 EL Puderzucker • 1 EL Kakaopulver

FÜR DIE CREME: • 0,5 l Milch • 1 Pkg. Vanillepuddingpulver • 100 g Zucker
• 200 g Butter • 0,05 l Veilchensirup

FÜR DIE OBERFLÄCHE DER TORTE:
• 0,1 l Veilchenlikör • 2 EL Kakaopulver • 2 frische Veilchensträuße oder kandierte Veilchenblüten

....

› Aus dem Mehl, den Eiern, dem Zucker und dem Kakaopulver einen Biskuitteig rühren und in einer Tortenform backen.

› Den abgekühlten Biskuitteig in drei Blätter schneiden, dann die Blätter einzeln mit Veilchenlikör beträufeln.

› Für die Creme einen Pudding herstellen (Anleitung auf jeder Packung).

› Weiche Butter schaumig rühren. Löffelweise abgekühlten Pudding, restlichen Zucker und Veilchensirup zugeben. Anschließend in den Kühlschrank stellen und abkühlen lassen.

› Die dicke Creme in drei Teile teilen, die Tortenblätter bestreichen und aufeinander legen.

› Die Creme auf dem obersten Blatt glatt streichen, dann Kakaopulver darübersieben. Vor dem Servieren mit frischen Veilchenblüten oder kandierten Veilchen dekorieren.

Frühlingsgelee aus dem Garten

ZUTATEN:
• ca. 500 g frische Frühlingsblumen – Blüten aus dem Garten: Veilchen, Gänseblümchen, Löwenzahn, Obstblüten, später Wildrosen, Holunder, Kornblume, Kräuterblüten usw. • 1 Zitrone • 1 l Apfelsaft • Gelierzucker

› Die Frühlingsblumen abspülen, auf einem Papiertuch zum Trocknen verteilen. Die Stiele und Blätter entfernen, die Blütenblätter größerer Blumen herauszupfen.

› Die vorbereiteten Blüten in einen Topf geben. Zitronensaft und Apfelsaft zugießen.

› Die erhaltene Menge messen, mit Gelierzucker in entsprechender Menge in einen Topf geben. Nach Beschreibung auf der Zuckerverpackung zubereiten als ob man Marmelade kochen würde. Das fertige, heiße Blütengelee in Gläser abfüllen.

› Nach Lust und Geschmack kann man das Gelee entweder mit zuckerarmem Gelierzucker oder mit Geleepulver zubereiten. Je mehr Duftveilchen es unter den Blumen gibt, desto intensiver wird das Aroma des Frühlingsgartengelees.

Veilchentee

ZUTATEN:

• ca. 10–12 Veilchenblüten (oder dementsprechend getrocknete Veilchenblüten) pro Tasse • 0,2 l kochendes Wasser

› Die frischen oder getrockneten Blüten mit kochendem Wasser
  überbrühen, dann zugedeckt 10 Minuten lang ziehen lassen,
  anschließend filtern.

› Nach Belieben mit Zucker oder Honig süßen.

*Der Aufguss aus frischen oder getrockneten Veilchen kann allein
oder in Teemischungen helfen. Man bereitet ihn bei Bronchitis,
Husten, Schlaflosigkeit oder Kopfschmerzen zu. Das Veilchen ist
eine bedeutende Heilpflanze.*

*Veilchen sollen in keiner beruhigenden oder Gute-Nacht-Teemi-
schung fehlen. Abhängig von der Farbintensität der Blüten kann
die Teefarbe zwischen Zartrosa und Blaulila liegen. Tropft man auf
die Blüten Zitronensaft, verändert sich auch die Farbe.*

Veilchensirup

ZUTATEN:
• 800 g Zucker • ca. 5–6 frische Veilchensträuße • 2 TL Zitronensaft

› Den Zucker in 1 l Wasser auflösen, dann eine gute Viertelstunde kochen, bis ein schöner Sirup entstanden ist.

› Die Veilchenblüten in den kochenden Sirup legen, den Saft der Zitrone langsam zugießen, gründlich verrühren, dann zugedeckt stehen lassen.

› Am nächsten Tag mehrmals umrühren. Dann filtern und in kleine Flaschen füllen. Die Flaschen sorgfältig verschließen.

Die aus Veilchenblüten entstehende feine Essenz ist zur Zubereitung und zum Abschmecken von Desserts oder Getränken unverzichtbar. Vor allem intensiv duftende Blüten verwenden!

Cocktail

Die Zubereitung von Veilchenblüten in Eiswürfeln ist einfach, aber wirkungsvoll. Nach der Veilchensaison kann der Cocktail mit anderen kleinen Blüten zubereitet werden.

ZUTATEN PRO PERSON:
• 1 frischer Veilchenstrauß • 0,05 l weißer Rum • 2 cl Veilchensirup

› Die Stiele der Veilchen entfernen, die Blütenköpfe einzeln in Eiswürfelformen legen. Mit Wasser aufgießen und gefrieren lassen.

› Für einen Cocktail weißen Rum mit Veilchensirup aufgießen, einige Veilcheneiswürfel zugeben und servieren.

Veilchenlikör

Crème de Violette oder Liqueur de Violette: Lilafarbene Liköre mit echtem Veilchenaroma waren beliebte Getränke des 19. Jahrhunderts. Sie galten als Aphrodisiakum. Neben der Veilchenessenz enthielten diese Liköre oftmals Rosenblüten, Zitrone, Koriander, Jasmin oder Anis. In alten ungarischen Kochbüchern wird der Veilchenlikör häufig erwähnt. Am besten schmeckt er, wenn man ihn aus selbst gepflückten Veilchen zubereitet.

....

ZUTATEN:
• Blüten von ca. 5–6 frischen Duftveilchensträußen • 0,7 l Wodka •
200 g Kandiszucker

....

› Die Stiele der Veilchen entfernen, die Blütenköpfe und den Kandiszucker in ein Glas mit breitem Hals geben.

› Mit dem Wodka aufgießen, das Glas verschließen, dann an einen warmen Ort stellen, aber vor direkter Sonneneinstrahlung schützen.

› Mindestens 4 Wochen lang reifen lassen, täglich aufschütteln.

› Den fertigen Likör filtern, dann in kleine, gut verschließbare Flaschen füllen.

Veilchen-Bowle

....

ZUTATEN:
• 2 große Veilchensträuße • 1 Zitrone • 1 Limette • 2 EL Zucker • 0,3 l Muskateller • 1 Glas Sekt

....

› Die Veilchenblüten mit Zitronen- und Limettensaft begießen, mit dem Zucker bestreuen, den Wein zugießen und zugedeckt mindestens acht Stunden lang stehen lassen.

› Abfiltern und mit dem Sekt aufgießen. Die Bowle mit Zitronenscheiben dekorieren, anschließend mit Veilcheneiswürfeln servieren.

Die alkoholfreie Variante enthält anstatt Wein Natur-Apfelsaft und Fruchtsekt.

Wiener Veilchen-Gespritzter

Auf Empfehlung unserer Wiener Freunde testeten wir den stadtweit berühmten „Designergespritzten".

....

ZUTATEN FÜR EINE PORTION:
• 4 cl Veilchensirup • 0,1 l halbsüßer Weißwein • 0,1 l Sodawasser (eventuell 0,1 l Sekt) • Eis • eine Scheibe Zitrone

....

› Die kühlen Zutaten in hohe Cocktailgläser gießen und verrühren. Eis und Zitronenscheibe zugeben, gleich servieren.

Um das Getränk besonders festlich zu machen, statt mit Wein mit Sekt zubereiten.

Ich schlage vor, das Essen so zu sehen,
wie es Edith Piaf sang: „Je vois la vie en rose!",
das heißt: „Ich sehe das Leben in Rosa!"
Befolgen wir einfach die Empfehlung.

Angelica Gräfin Károlyi

Rosen

Wilde Rose

Sie ist nicht strahlend, ist nicht schön,
Die Rose wild auf Bergeshöhn: –
In Wind und Wetter, Sturm und Regen
Kein freundlich Obdach, sie zu hegen:
So steht sie einsam, ungekannt,
Dort oben an des Hügels Rand.
Sie aber glühet, duftet, lacht
Und neidet nicht der Schwestern Pracht:
Denn knospend, dorngem Stamm entsprossen,
Hat sie der Sonne sich erschlossen,
Und nur im goldnen Sonnenschein
Verglüht ihr Leben, süß und rein.
Therese Dahn

Geschmack der Leidenschaft

Die als Königin der Blumen geltende Rose erschien gleichzeitig mit der Menschheit auf der Bildfläche. Sie ist in unserem Alltag, in der Literatur sowie in verschiedenen Kunstarten zu finden. Die Rose ist ein Symbol für Schönheit und Adel und gehört genauso zu den Bauerngärten wie in die Parkanlagen der Schlösser. Rosen begleiten durch ein ganzes Menschenleben, von der Geburt bis zum letzten Abschiedsgruß. Sie sind überall zu finden: in den Interieuren, Kosmetika, Motiven und Symbolen.

Die Blume der Blumen macht nicht nur die Seele schön. Sie bietet den Augen Schönheit und dem Gaumen ein unvergleichbares Geschmackserlebnis. Probieren Sie glänzenden Rosensirup oder prachtvolle, kandierte Rosenblätter. Wenn in Ihrem Garten Rosen wachsen, backen Sie Ihren Liebsten das Rosengebäck, bereiten Sie mit Rosenblättern verfeinerte Marmelade zu, oder lassen Sie sich durchs Duett der Rose und des Chilis oder der Rose und des Pfeffers zu kulinarischen Genüssen verführen. Der Rosengeschmack fasziniert und heizt die Leidenschaft an.

Ewige Blume

… Der kleine Prinz ging, um die Rosen wiederzusehn. „Ihr gleicht meiner Rose gar nicht, ihr seid noch nichts", sagte er zu ihnen. „Niemand hat sich euch vertraut gemacht, und auch ihr habt euch niemandem vertraut gemacht. Ihr seid, wie mein Fuchs war. Der war nichts als ein Fuchs wie hunderttausend andere. Aber ich habe ihn zu meinem Freund gemacht, und jetzt ist er einzig in der Welt."
Und die Rosen waren sehr beschämt.

„Ihr seid schön, aber ihr seid leer", sagte er noch. „Man kann für euch nicht sterben. Gewiss, ein Irgendwer, der vorübergeht, könnte glauben, meine Rose ähnle euch. Aber in sich selbst ist sie wichtiger als ihr alle, da sie es ist, die ich begossen habe. Da sie es ist, die ich unter den Glassturz gestellt habe. Da sie es ist, die ich mit dem Wandschirm geschützt habe. Da sie es ist, deren Raupen ich getötet habe (außer den zwei oder drei um der Schmetterlinge willen). Da sie es ist, die ich klagen oder sich rühmen gehört habe oder auch manchmal schweigen. Da es meine Rose ist."

(Antoine de Saint-Exupéry)

Auf zahlreiche Sorten kann diese edle Pflanze stolz sein, die sich in allen Kulturen unglaublich großer Beliebtheit erfreut. Die Rose begleitet die Geschichte der Menschheit. Von keiner anderen Pflanze wurden Künstler derart befruchtet wie von der Rose.

Die griechische Dichterin Sappho (600 v. Chr.) nannte die Rose „die Königin der Blumen". In der Mythologie sind die eine symbolische Rolle spielenden Rosen mit Schönheit, Jugendlichkeit, Fruchtbarkeit und dem Leben eng verbunden. Der römische Kaiser Nero ließ seinen Palast mit zweihunderttausend Rosen dekorieren. Im 13. Jahrhundert wurden die Rosenkränze aus der Frucht der Rosen angefertigt. Die Rose war Element der Marienbilder und der Kirchenornamente des Mittelalters. Auf Gemälden der Künstler der Renaissance wie Michelangelo, Leonardo, Botticelli oder Raffael ist immer auch eine Rose zu sehen.

Im Wappen der Adelshäuser York und Lancaster sind weiße und rote Rosen enthalten. Die Kämpfe zwischen den beiden Adelshäusern gingen unter dem Namen „Rosenkrieg" in die englische Geschichte und dank William Shakespeare auch in die Weltliteratur ein.

Rose als Symbol

Im Christentum symbolisiert die Königin der Blumen die göttliche Auswahl, das Märtyrertum und den Triumph über den Tod. Auf stilisierten Darstellungen erscheint die Rose immer mit Blüten in ungerader Zahl und stets mit ihren fünf

Blütenblättern. Rote Rosen wurden von den Benediktinern in den Klostergärten zwischen die heilenden Pflanzen gesetzt. Im Christentum ist die Rose vor allem das Attribut der Jungfrau Maria. Sie ist die „Rose ohne Dorn". Nach christlicher Legende wurde der Strauch erst durch den Sündenfall dornig. Berühmte Darstellungen zeigen Maria mit Rosen oder in Rosenlauben.

Durch sogenannte „Rosenfenster" der gotischen Kathedralen einfallendes Licht kann noch heute in den Herzen der Gläubigen starke Empfindungen hervorrufen. Dante beschreibt dies in der Schlussszene der „Göttlichen Komödie", als er im Paradies eine große Feuerrose sieht, deren Blüten die Seelen der Aufrechten bilden. In der ungarischen Volkskultur erscheint das Rosenmotiv als Symbol der Lebenslust und Liebe.

Die Rose ist wegen des mit ihrem Namen verbundenen Rosenwunders das Attribut der heiligen Elisabeth aus dem Hause der Arpaden. Dank ihrer Tätigkeit in Deutschland ist sie die einzige aus Ungarn stammende Heilige der Weltkirche. Die heilige Elisabeth wird meistens mit Rosen in ihrer Schürze und in ihrem Korb dargestellt.

Die heilige Dorottya, die „Frühlingsrose", ist die Schutzheilige der Gärtner und Blumenverkäufer. Ihr Attribut ist der Blumenfruchtkorb. An ihrem Namenstag werden Blumen und Äpfel in den Kirchen geweiht.

Rose als Heilpflanze

„Es gibt Leute, die nervös werden, weil die Rosen Dornen haben. Ich bin dankbar, dass zwischen den Dornen Rosenknospen erblühen." (Alphonse Karr)

Die Rose beruhigt Herz und Nerven, sie macht ausgeglichen. Die Rose wirkt positiv auf die Kondition und stellt die Harmonie zwischen Körper und Seele her. Rosenmarmelade, so sagt man, ist fähig, Wunder zu tun. Sie beruhigt die zornigsten Menschen. Nach einem Löffel Rosenmarmelade entschwindet die Spannung aus der Seele. Die Rose gilt als eines der stärksten Aphrodisiaka. Sie wirkt positiv auf die Zellregeneration und nährt das Gewebe. Die Rosenessenz, deren Konzentration bedeutend höher als die des Rosenwassers ist, wird als Umschlag gegen Schwindelgefühl, Kopfschmerzen sowie Depression verwendet.

Die Rose spielt in der Schönheitspflege eine bedeutende Rolle, sie ist Bestandteil vieler Schönheitscremes. Die verschiedenen Rosenextrakte kühlen und tonisieren die Haut, bringen Glanz und Strahlkraft zurück und haben lang anhaltende Wirkung. Ihre desinfizierende und adstringierende Eigenschaft macht die Rose zu einem natürlichen Verjüngungsmittel.

Interessant

› Die rote Rose ist die Blume der Liebe.

› Wenn man jemandem eine weiße Rose schenkt, kann damit viel ausgesagt werden. Es kann Hochschätzung, Ergebenheit, Harmlosigkeit, Verschwiegenheit sowie Stille bedeuten.

› Die rosafarbene Rose ist das Zeichen der Geziertheit.

› Obwohl viele das Gelb für die Farbe des Neides halten, bedeutet die gelbe Rose Freude und Heiterkeit.

Rose in der Küche

Im antiken Rom wurden Rosenblätter in Gebäck verzehrt, und man bereitete aus Rosenblättern sogar Wein zu. Die Griechen und die Perser fühlten sich zu den Rosen ebenso hingezogen wie alle alten fernöstlichen Völker. Sie alle verzierten ihre Häuser mit Rosen, und auf den Tischen durften die duftenden Blüten nicht fehlen. Seit Jahrhunderten gilt Rosenmarmelade als Delikatesse.

Jede Rose, die einen angenehmen Duft hat, hat auch einen guten Geschmack. Blüten jeder Rosensorte sind essbar, der Geschmack der einzelnen Sorten ist aber unterschiedlich. Ich empfehle, nur voll erblühte Rosen, möglichst kurz nach dem Auftrocknen des Morgentaus, zu pflücken.

Zur Essenszubereitung dürfen ausschließlich zu diesem Zweck angebaute Blumen verwendet werden! Zierpflanzen aus Blumenläden sowie Pflanzen unbekannter Herkunft sind nicht genießbar!

Rosen

REZEPTE

Ziegenkäse auf Rosen

ZUTATEN:
- 2 EL Blütenhonig • 2 kleine getrocknete Chilischoten • 200 g Ziegenkäse
- 4 kleine Rosen oder eine Handvoll Rosenblätter

› Die Chilischote in sehr kleine Stücke brechen, mit dem Honig vermischen.

› Den Ziegenkäse in vier Stück schneiden.

› Die Blütenansätze sorgfältig entfernen, darauf achten, die Blütenform nicht zu verändern. In die Mitte jeder Blume je ein Stück Ziegenkäse legen und mit Chilihonig beträufeln.

› Als Vorspeise oder Nachspeise anbieten, auf ein grünes Salatbett legen, mit Walnussbrot servieren.

Der Käse kann auch in kleine Stücke geschnitten und zwischen Rosenblättern gebettet serviert werden.

Rosen-Gewürzsalz

ZUTATEN:
- 100 g grobes Salz (Himalaja- oder Meersalz) • 30 g bunter Pfeffer • eine große Handvoll getrocknete Rosenblätter

› Die Zutaten vermischen, dann grob mörsern.

› Das Rosen-Gewürzsalz in gut verschließbare Gläser füllen und dunkel lagern.

Rosen-Gewürzsalz vor dem Gebrauch unbedingt noch einmal mörsern oder direkt ins Essen mahlen!

Weinschaumsuppe aus dem Rosengarten

ZUTATEN:

• 0,4 l Weißwein • 0,2 l Wasser • 0,2 l Rosensirup • ein bisschen abgeriebene Zitronenschale und Muskatnuss • 1 EL Maisstärke • 3 EL Rosenzucker • 4 Eigelb • frische Rosenblätter

› Den Wein mit Wasser aufkochen.

› Eigelb mit der Stärke und Rosenzucker schaumig rühren, mit abgeriebener Zitronenschale und Muskatnuss würzen.

› Mit dem kochenden Wein aufgießen und unter ständigem Rühren den Rosensirup langsam zugießen.

› Die fertige Suppe kann warm serviert werden, ist aber auch kalt fein, pikant und verführerisch.

› Auf die Suppe einige frische Rosenblätter streuen. Will man die Suppe etwas reichhaltiger haben, kann man sie mit 1 bis 2 Rosenkeksen bekrönen!

Rosen-Cremesuppe

ZUTATEN:
• 20 g Butter • 1 mittelgroße Zwiebel • 4 EL Mehl • 0,6 l Fleischbrühe • 0,2 l Sahne • 1 TL Curry • 6 TL Honig • eine Handvoll frische Rosenblätter • 1 kleine Chilischote • 2 EL Rosenlikör • 200 g frische oder tiefgefrorene Garnelen • ein Rosmarinästchen • Butter • Salz

› Die fein geschnittene Zwiebel in Butter glasig dünsten. Das Mehl daraufstreuen, hellgelb anbraten und mit der Fleischbrühe aufgießen.

› Sahne und Rosenblätter zugeben, mit dem Curry und der Hälfte der Chilischote würzen, mit Honig abschmecken.

› Einige Minuten lang kochen und mit einem Stabmixer glatt pürieren.

› Die Suppe mit dem Rosenlikör pikant abschmecken, eventuell salzen. Warm stellen.

› Die Garnelen in ein wenig Butter anbraten, die andere Hälfte der Chilischote und das Rosmarinästchen zugeben, salzen und bei hoher Hitze schnell braten.

› Wenn die Garnelen fertig sind, mit einem TL Honig bestreichen und zur heißen Suppe servieren.

Diese Suppe kann auch mit getrockneten Rosenblättern zubereitet werden. Die Garnelen könnte man auf Bambusstäbchen braten und dekorativ auf die Suppenschalen legen.

Grüne Omelette mit Rosen-Quarkcreme

ZUTATEN FÜR DIE ROSEN-QUARKCREME:
• 1 Zitrone • 50 g Butter • 1 mittelgroße Zwiebel • 0,2 l halbsüßer Weißwein
• eine große Handvoll duftende Rosenblätter • 300 g Quark • 0,2 l Sauerrahm • 2 EL Rosenwasser • Salz • gemahlener Pfeffer

FÜR DIE OMELETTE:
• 6 Eier • Salz • 6 EL fein geschnittene Kräuter • 0,3 l Milch • 6 EL Mehl
• Öl zum Braten

FÜRS SERVIEREN: • frische Weizenkeime

› Die fein geschnittene Zwiebel in Butter glasig dünsten. Die dünn geschälte und in Streifen geschnittene gelbe Zitronenschale und den Zitronensaft zugeben und mit dem Wein aufgießen.

› Auf die Hälfte einkochen, vom Feuer nehmen. Wenn die Masse lau-
warm ist, die geschnittenen Rosenblätter hinzufügen.

› Den Quark durch ein Sieb drücken, mit dem Sauerrahm vermischen,
das Zwiebel-Rosen-Gemisch untermengen, salzen, mit gemahlenem
Pfeffer und Rosenwasser pikant abschmecken.

› Für die grüne Omelette Eigelb mit einer Prise Salz verrühren, dann
Milch und Mehl langsam zugeben und zu einer glatten Masse verarbeiten. Anschließend die fein geschnittenen Kräuter und das steif
geschlagene Eiweiß unterrühren.

› Aus dieser grünen Masse in der geölten Pfanne nacheinander vier
Omeletten braten. Diese mit Rosen-Quarkcreme bestreichen und sofort servieren.

› Mit Rosenblättern dekorieren und gesundheitsfördernd mit frischen
Weizenkeimen servieren.

Safran-Rosen-Reis-Hühnerbrust

ZUTATEN:

• 1 l Fleischbrühe • 600 g Hühnerbrust • 6 getrocknete Feigen • 200 g Reis • 1 EL Rosengewürzsalz • 1 Prise Safran • 2 Zimtstangen • ca. 3–4 frische, duftige Rosen • 2 EL Öl • 2 Orangen • 1 EL Honig • ein haselnussgroßes Stück frischer Ingwer

› Die Hühnerbrust in Streifen schneiden, mit abgeriebener Schale einer Orange würzen.

› 1 EL Öl erhitzen, die Fleischstreifen im heißen Öl anbraten.

› Das Rosengewürzsalz mörsern, Fleisch mit der Hälfte des Rosengewürzsalzes bestreuen.

› Die Hühnerbrust mit Honig und dem Saft einer Orange begießen, dann zugedeckt beiseite stellen.

› Den gewaschenen, abgetropften Reis in einem großen Kochtopf im restlichen Öl anschwitzen. Mit ca. 0,8 l Fleischbrühe aufgießen, den Zimt und das restliche Rosengewürzsalz zugeben. Den Reis bei niedriger Wärme halbgar kochen.

› Nun die restliche Fleischbrühe, Safran, die abgeriebene Schale einer Orange, Ingwer und die Rosenblätter über den Reis gießen. 10 bis 15 Minuten (je nach Reisart) zugedeckt dünsten.

› Dem fertigen Reis die fein geschnittene Feige und das gewürzte Hühnerfleisch zugeben und einige Minuten rösten.

Honig-Hühnerbrust mit Rosenblättern

....

ZUTATEN:
• 2 schöne Hühnerbrüste • Salz • 2 EL Honig • 2 EL scharfe Paprika-creme • eine Handvoll frische Rosenblätter

FÜR DIE PANADE:
Mehl • 2 Eier, Semmelbrösel

FÜRS BRATEN: Öl
....

› Das Fleisch vom Knochen ablösen, daraus vier Fleischstücke schneiden (mit einem Schmetterlingsschnitt).

› Die Fleischstücke klopfen, salzen, mit dem Honig und der Paprikacreme bestreichen.

› Mit einigen Rosenblättern bestreuen, eng aufrollen und mit einer Fleischnadel oder einem Zahnstocher befestigen.

› In Mehl, aufgeschlagenem Ei und in Semmelbröseln panieren. In heißem Öl knusprig braten.

› Aus dem Öl nehmen, abtropfen lassen, die Fleischnadel entfernen und mit Kartoffel-Pastinaken-Püree servieren.

Nudeln mit Rosenblättern

ZUTATEN:
• 400 g Mehl • 2 Eier • Salz • 1 Handvoll getrocknete Rosenblätter • Fett oder Öl

FÜR DIE ROSENPFEFFER-SAUCE:
• 20 g Butter • 20 g Mehl • 0,1 l Milch • 0,1 l Sahne • Salz • bunter Pfeffer • Muskatnuss • Rosenpfeffer

› Aus dem Mehl und den Eiern einen traditionellen Nudelteig kneten, dann die Rosenblätter zugeben. Den gut durchgekneteten Teig dünn ausrollen und in fingerbreite Streifen schneiden.

› Die getrockneten Nudeln in viel Wasser kochen, dabei ins Wasser ein erbsengroßes Stück Fett oder ein wenig Öl geben, damit die Nudeln nicht zusammenkleben.

› Die fertigen Nudeln mit warmem Wasser abspülen. Im warmen Öl oder Fett wälzen, gut durchwärmen.

› Für die Rosenpfeffer-Sauce die Butter schmelzen, mit Mehl bestäuben. Wenn das Mehl goldgelb wird, Milch und Sahne zugießen und mit dem Schneebesen glatt rühren.

› Salzen, mit Muskatnuss und Rosenpfeffer abschmecken.

› Die Nudeln, mit einem schönen Steak serviert, sind ein attraktives, festliches Gericht.

Mit Puderzucker, gemahlener Walnuss oder Rosenmarmelade abgeschmeckte Rosennudeln können auch als süßes Gericht serviert werden.

Rosenzucker

Mit diesem Rosenzucker kann man das ganze Jahr über Kuchen, Desserts und Obstsuppen abschmecken, Marzipan zubereiten oder Cocktailgläser mit einem schönen Zuckerrand dekorieren. Abhängig davon, welche Rosen getrocknet werden, entsteht Zucker von verschiedener Farbe und verschiedenem Duft.

ZUTATEN:
• 50 g getrocknete, duftende Rosenblätter • 100 g Zucker

› Die Rosenblätter und den Zucker in einer Kaffeemühle sehr fein mahlen.

› In kleine Glasbehälter füllen, gut verschließen, dunkel lagern.

Der in einem hübschen Gläschen verpackte Zucker kann Rosenliebhabern oder Küchenfeen geschenkt werden. Unbedingt eines der altbewährten Rosenrezepte beifügen!

Rosenbutter

ZUTATEN:
• 250 g Butter • 1 Handvoll Rosenblätter • 2 EL Honig

› Den hellen Teil der Blütenblätter entfernen, Blüten fein schneiden, dann mit dem Honig und der weichen Butter mischen.

› Bei Raumtemperatur ca. 1 bis 2 Stunden ziehen lassen und in ein verschließbares Gefäß füllen.

› Im Kühlschrank zwei Tage lang reifen lassen, damit das Aroma der Rose die Butter durchwirken kann.

› Zu frischen Backwaren servieren.

Kandierte Rosenblätter

Mit den kandierten Rosenblättern können Kuchen und Desserts verziert werden. Auf ähnliche Weise kann man ganze Rosenköpfe, Rosenknospen und viele andere Blüten kandieren.

ZUTATEN:
• Blütenblätter von ca. 8–10 Rosen • 1 Eiweiß • 100 g Puderzucker

› Das Eiweiß mit einem Schneebesen schaumig schlagen.

› Blütenblätter der Rosen einzeln mit dem schaumigen Eiweiß dünn bestreichen, dann mit Puderzucker bestreuen.

› Die Rosen auf ein Gitter oder Backpapier legen, einige Stunden trocknen lassen. Zwischendurch einige Male mit Puderzucker (Sieb) bestreuen.

Eine Kuriosität unter den kandierten Blüten ist die Chilirose, welche die zurzeit beliebten Chili-Schoko-Kuchen und Torten krönt. Das Geheimnis der Zubereitung liegt darin, dass man dem Puderzucker wenig rotes Chilipulver beimischt und rote Rosenblüten wählt. Die Mühe lohnt sich, das Ergebnis ist wunderschön und verführerisch fein!

Rosenparfait

ZUTATEN:
• 2 Eigelb • 1 EL Reismehl oder Speisestärke • 0,2 l Rosenblütensirup • 0,5 l Schlagsahne

› Eigelb, Stärke und den Rosenblütensirup über Dampf mit einem Schneebesen cremig aufschlagen.

› Die Schüssel vom Dampf nehmen und in kaltes Wasser oder
  auf Eis stellen, mit dem Handrührgerät rühren, bis die Masse
  erkaltet ist.

› Die geschlagene Sahne vorsichtig unterheben. In eine beliebige
  Form füllen. Über Nacht in den Gefrierschrank stellen. Mit Rosenblättern dekorieren und servieren.

222.
Rosen-Parfait.

Von 1 Liter Schlagobers wird ein fester Schnee
geschlagen, 4 Löffel Zucker werden etwas benässt und
dick gekocht mit einem Stückchen Vanille und ausgekühlt, dann gibt man 1 Tropfen Rosenessenz und etwas
Alkörmös, nur so viel, dass das Parfait blassrosa wird,
vermengt nun den Zucker mit dem Schnee und füllt
damit die Parfaitform, welche mit Papier gefüttert
und die Öffnung mit Butter verklebt werden muss,
schließlich vergräbt man das Model in's Eis, welches
gut gesalzen u. gestampft werden muss, lässt dies 4 Stunden
in Eis hernach stürzt man es auf eine Schüssel und
serviert es mit spanischen Windbusserln.

Dessert „Rosenhain"

Das Dessert kann nicht nur in der Rosensaison zubereitet werden, sondern zaubert auch in der Winterzeit Frühlingsgefühle herbei!

ZUTATEN: • 100 g Reis • 0,4 l Milch • 80 g Zucker • 0,1 l Sahne • 150 g Rosenmarmelade • 4 TL Rosenlikör • kandierte Rosenblätter

› Den Reis waschen und bei niedriger Hitze in Milch und Zucker zu Milchreis kochen.

› Abkühlen lassen, dann geschlagene Sahne unterrühren.

› Abwechselnd Sahne-Milchreis und Rosenmarmelade in Glasbecher oder kleine Desserttassen schichten. Mit je 1 EL Rosenlikör begießen, dann in den Kühlschrank stellen.

› Kandierte Rosenblätter und ein Tupfer Marmelade sind als Dekoration gut geeignet.

Rosen-Himbeerschaum

ZUTATEN:
• 4 Eiweiß • 150 g Puderzucker • 2 EL Rosensirup • 200 g frische (oder tiefgefrorene) Himbeeren • für die Dekoration frische oder kandierte Rosenblätter

› Eiweiß aufschlagen, Puderzucker und Rosensirup nach und nach zugeben.

› Zwei Drittel der Himbeeren vorsichtig unter den festen Schaum mischen.

› In geeignete Gläser füllen und den Himbeerschaum mit den restlichen Himbeeren und frischen oder kandierten Rosenblättern verzieren.

Wählen Sie zu den Rosen aus dem Garten Früchte, die zur Farbe der Rosen passen: Heidelbeeren, Marillen, Kirschen, Pfirsiche …

Mascarpone-Rosencreme

ZUTATEN:

• 0,5 l Milch • 150 g Zucker • 1 Pkg. Vanillepuddingpulver • 2 Handvoll frische Rosenblätter • 200 g Mascarpone

› 0,1 l Milch beiseitestellen, die restliche Milch mit sehr klein geschnittenen Rosenblättern und etwas Zucker aufkochen.

› Das Puddingpulver in der kalten Milch glatt rühren, dann unter ständigem Rühren langsam zur Rosenmilch gießen und kurz aufwallen lassen.

› Vom Herd nehmen und nach dem Abkühlen mit dem restlichen Zucker und Mascarpone verrühren.

› In Kelchgläser füllen, kühlen und mit frischen oder kandierten Rosenblättern dekorieren.

Um den Geschmack der Rose noch intensiver genießen zu können, ersetzen Sie bis zu ein Drittel der Milch durch Rosensirup (in diesem Fall ist die Zuckermenge zu reduzieren).

Tapioka-Pudding

ZUTATEN:
- 100 g Tapiokaperlen • 0,6 l Rosensirup • 4 EL Rosenmarmelade
- 2 Eiweiß

› Die Tapiokaperlen in der doppelter Menge Wasser 1 1/2 Stunden einweichen.

› Das Wasser abgießen, die Tapiokaperlen in einen kleinen Kochtopf geben.

› Den Rosensirup zugießen und bei niedriger Wärme unter ständigem Rühren kochen, bis die Tapiokaperlen transparent werden.

› Die Kochzeit kann 20 bis 25 Minuten betragen, erst dann ist der Pudding dickflüssig.

› Den Pudding vom Herd nehmen, die Rosenmarmelade zugeben, anschließend das steif geschlagene Eiweiß unterrühren.

› In Glasbecher füllen und abkühlen lassen.

Die stärkehaltige Tapioka- oder Maniokpflanze ist in den tropischen Gebieten Amerikas heimisch. Die Tapiokaperlen werden aus dem getrockneten Stärkemehl erzeugt, das aus der getrockneten Maniokwurzel hergestellt wird. Tapioka wird beim Kochen zu einer transparenten, gallertartigen Substanz.

Das Stärkemehl ist der wichtigste Grundstoff in der Zubereitung eines Puddings, wird aber auch zur Verdickung von Suppen und Saucen verwendet. Für den vor allem in Asien beliebten Bubble Tea, werden ebenfalls Tapiokaperlen verwendet.

Rosenblütenmousse mit Erdbeeren

Ein leichter, luftiger Schaum mit einzigartiger Textur – das Mousse – begann seine Karriere im 18. Jahrhundert. Wird diese kulinarische Köstlichkeit erwähnt, denkt man an komplizierte Zubereitungsvorgänge. Das ist aber nicht der Fall.

....

ZUTATEN:

• 0,3 l Rosensirup • 2 TL Zitronensaft • 3 EL Zucker • 4 Gelatineblätter • 0,2 l Schlagsahne • 2 Eiweiß • 1 Prise Salz • Erdbeeren

....

› Die Gelatine kurz in kaltem Wasser einweichen, ausdrücken, in ein paar Tropfen erwärmtem Rosensirup auflösen und unter Rühren dem Rosensirup zugeben.

› Hat man nur hellfarbige Rosen, können einige Tropfen Brombeer- oder Holundersaft beigemischt werden.

› In den Kühlschrank stellen (ca. 1 Stunde), bis die Masse am Rand leicht fest wird.

› Die Sahne steif schlagen, dann die Rosengelatine unterrühren.

› Das Eiweiß mit dem Salz steif schlagen, sorgfältig darunterziehen.

› Mousse für ca. 4 bis 5 Stunden in den Kühlschrank stellen. Anschließend mit 2 Löffeln oder mit einem Eisformer auf dem Teller anrichten. Mit in Scheiben geschnittenen Erdbeeren garnieren.

Rosen-Bonbons

ZUTATEN:

• 250 g Zucker • 2 Handvoll getrocknete Rosenblätter • 300 g Milchpulver • 250 g Butter • 0,1 l Wasser • 3 EL Rosenwasser • ca. 100–150 g geschälte, gemahlene Mandeln

› Einen Teil des Zuckers mit der Hälfte der getrockneten Rosenblättern vermahlen. Aus diesem Rosenzucker, dem restlichen Zucker und Wasser einen Sirup kochen.

› Vom Herd nehmen, das Rosenwasser zugeben, mit der Butter, den gemahlenen Mandeln und dem Milchpulver vermengen.

› Mindestens eine Stunde, besser über Nacht, kühl stehen lassen.

› Aus der Masse mit feuchten Händen kleine Kugeln formen und in klein gebrochenen Rosenblättern wälzen. Abhängig von der Farbe der Rose können rote, rosafarbene oder weiße Bonbons zubereitet werden.

Rosen-Schaumgebäck

ZUTATEN:

• 6 Eiweiß • 1 EL Zitronensaft • ca. 350–400 g Rosenzucker

› Eiweiß steif schlagen. Den Rosenzucker portionsweise einrieseln lassen, den Zitronensaft einträufeln, dann über Dampf weiterschlagen, bis die Eiweiß-Rosenzucker-Masse glänzend wird.

› In einen Spritzbeutel mit Sterntülle füllen, kleine Formen auf ein mit Backpapier ausgelegtes Backblech spritzen. Bei etwa 70 Grad ca. 60–70 Minuten trocknen lassen.

Wer im Hochsommer ausreichend Rosenzucker herstellt, kann für den Weihnachtsbaum Rosen-Schaumringe zubereiten.

Rosen-Kekse

ZUTATEN:
• 250 g Mehl • 1 TL Backpulver • 50 g Zucker • 3–4 Kardamomkapseln
• 50 g weiche Butter • 0,05 l Rosensirup • 1 Ei • ca. 2–3 EL getrocknete
Rosenblätter

› Das Mehl mit dem Backpulver und dem Zucker vermengen und den gemörserten Kardamom zugeben.

› Butter, Rosensirup und Ei zugeben, gründlich verrühren.

› Aus der Masse mit zwei Teelöffeln Häufchen formen, die Häufchen auf ein mit Backpapier belegtes Backblech geben. Mit einem feuchten Teelöffel so anordnen, dass sie nicht zusammenlaufen.

› Die Teighäufchen mit zerbröselten Rosenblättern bestreuen, dann im auf 180 °C vorgeheizten Backofen ca. 15 Minuten goldgelb backen.

Die Rosen-Kekse sind lange haltbar. Mit Rosenmarmelade können je zwei Kekse zusammengeklebt werden.

Rosen-Körbchen

ZUTATEN FÜR DEN TEIG:
• 100 g Butter • 100 g Zucker • 300 g Mehl • 2 Eigelb • 1–2 EL Sauerrahm • Rosenmarmelade

FÜR DIE CREME:
• 0,5 l Milch • 1 Pkg. Vanillepuddingpulver • 4 EL Zucker • 3 Handvoll duftende Rosenblätter

› Der Milch die Rosenblätter zugeben, erhitzen und zugedeckt stehen lassen.

› Butter mit Mehl abbröseln, mit dem Zucker, Eigelb und Sauerrahm mischen. Zu einem Mürbteig kneten.

› Den Teig in Folie einpacken, in den Kühlschrank legen. Inzwischen kleine Backformen mit Butter ausstreichen und mit Mehl bestäuben.

› Den Teig ca. 2 bis 3 mm dick ausrollen. Scheiben ausstechen, mit denen die Förmchen ausgelegt werden können.

› Die Ränder der Scheiben mit Eiweiß bestreichen. Aufs Backblech stellen und im auf 180 °C vorgeheizten Backofen ca. 10 Minuten hell backen.

› Körbchen aus den Formen nehmen und abkühlen lassen.

› Die Rosenmilch abseihen, mit Zucker und dem Puddingpulver einen dicken Pudding kochen.

› Teigkörbchen mit Rosenmarmelade bestreichen. Den Pudding verteilen und mit Rosenblättern bestreuen.

› Die Rosen-Körbchen einige Stunden im Kühlschrank fest werden lassen.

Rosen-Plätzchen

ZUTATEN:
- 300 g Mehl • 200 g Maismehl • 250 g Butter • 120 g Rosenzucker
- 1 Ei • 1 TL Backpulver • 60 g fein geschnittene Rosinen

FÜR DIE OBERFLÄCHE: • 50 g Rosenzucker

FÜR DIE FÜLLUNG: • Rosenmarmelade

› Mehl und Maismehl mit der Butter abbröseln, den Zucker zugeben, dann mit Ei, Backpulver und fein geschnittenen Rosinen verkneten.

› Aus dem Teig eine ca. 300 mm lange Rolle formen, in Küchenfolie packen und mindestens eine Stunde, besser über Nacht, in den Kühlschank legen.

› Die Teigrolle in 5 mm dicke Stücke schneiden. Bei der Hälfte der Scheiben mit einem kleinen Keksausstecher ein Loch ausstechen.

› Auf ein mit Backpapier ausgelegtes Backblech geben, im auf 180 °C vorgeheizten Backofen ca. 10 Minuten goldgelb backen.

› Je eine ganze und eine gelochte Scheibe mit Rosenmarmelade zusammenkleben, dann mit Rosenzucker bestreuen.

Aus dem Teig können auch Formen ausgestochen werden, dafür den Teig einfach ausrollen. Der Teig ist im Kühlschrank wochenlang haltbar. Die gebackenen Plätzchen bleiben in einer Keksdose lange Zeit frisch.

Rosen-Törtchen mit rosafarbener Creme

Mit Mascarpone-Rosencreme gefüllte Fantasietörtchen, verziert mit frischen Blüten, kandierten Rosenblättern oder Teigblättern. Zum festlich gedeckten Tisch, als Geschenk zum Valentinstag oder Muttertag? Das Rosentörtchen ist ein wunderbares Geschenk zu jedem Fest.

....

ZUTATEN FÜR DEN MÜRBTEIG:

• 150 g Mehl • 100 g Butter • 50 g Puderzucker • 1 Eigelb • 1 Pkg. Vanillezucker • ein wenig abgeriebene Zitronenschale

FÜR DIE ROSENCREME:

• 0,25 l Rosensirup • 20 g Maisstärke • 80 g Rosenzucker • 100 g Mascarpone • in der Rosensaison: eine Handvoll frische Rosenblätter / im Winter: 50 g Rosenmarmelade

....

› Die Zutaten des Mürbteigs schnell zu einem Teig kneten, dann in Küchenfolie packen und mindestens eine Stunde im Kühlschrank ruhen lassen.

› Den Teil auf einem bemehlten Brett ca. 3 bis 4 mm dick ausrollen. 4 ca. 100 mm große, runde Kuchenformen damit auslegen. Mit einer Gabel Löcher in den Teig stechen und bei 180 °C hell backen.

› Zucker und Stärke vermischen, mit dem Rosensirup aufgießen und unter ständigem Rühren kochen, bis eine dickliche Creme entsteht.

› Die Creme abkühlen lassen, dann erst Mascarpone zugeben. Anschließend die gut verrührte Creme auf den Mürbteigböden verteilen.

› Die Oberfläche der Törtchen mit frischen oder kandierten Rosenblättern dekorieren.

› Hat man keine frischen Rosen, kann man das Gebäck unter der Creme mit Rosenmarmelade bestreichen und die Oberfläche des Rosentörtchens mit Marmeladetupfen verzieren oder hell gebackene Mürbteilblättchen auflegen.

Rosenkrapfen mit Rosenmarmelade

ZUTATEN (FÜR CA. 16 STÜCK):

• 400 g feines Mehl • 80 g Butter • 2 EL Kristallzucker • eine Prise Salz •
2 EL Rum • 2 EL Rosensirup • 0,1 l Sauerrahm • 4 Eigelb • fürs Backen: Öl

FÜR DIE OBERFLÄCHE:

• ca. 2–3 EL Puderzucker • Rosenmarmelade

› Das Mehl mit der Butter abbröseln, dann mit den restlichen Zutaten zu einem elastischen Teig kneten.

› Den Teig mindestens eine Stunde lang kühl stellen. Dann den Teig auf ein mit Mehl bestreutes Backbrett legen und ausrollen.

› Aus dem ausgerollten Teig Scheiben in 3 verschiedenen Größen ausstechen. Die Ränder der Teigscheiben einschneiden, damit sie sich beim Backen „rosenförmig" auffächern.

› Die größte Scheibe in die Hand nehmen, die Mitte mit Eiweiß bestreichen, dann die mittelgroße Scheibe daraufdrücken.

› Auch die letzte Scheibe mit Eiweiß bestreichen, um die kleinste Teigscheibe aufzukleben. Die Mitte sanft eindrücken.

› Aus der angegebenen Menge können ca. 16 Rosenkrapfen zusammengefügt werden, die in heißem Öl in ca. 3 Minuten fertig gebacken sind.

› Auf Küchenpapier abtropfen lassen, mit Puderzucker bestreuen und mit Rosenmarmelade servieren.

Rosen-Brioche

....

ZUTATEN (FÜR CA. 8–10 ROSEN):
• 500 g feines Mehl • 100 g Zucker • 50 g geschmolzene Butter • 0,2 l
Milch • 1 große Prise Salz • 1 Eigelb • abgeriebene Zitronenschale •
50 g Hefe • ca. 100 g Butter zum Bestreichen der Rosenblätter • 100 g
Rosenzucker

....

› Die Hefe zerbröckeln und in der Milch auflösen, gehen lassen,
  dann mit den anderen Zutaten einen Hefeteig kneten.

› Den Hefeteig aufgehen lassen, bis sich das Volumen verdoppelt
  hat.

› Den aufgegangenen Teig auf ein mit Mehl bestreutes Brett kippen,
  ca. 2 bis 3 mm dünn ausrollen und den Teig mit einem 60 mm
  großen runden Ausstecher ausstechen.

› Aus je 11 Teigscheiben eine Rose formen – die Scheibenblätter so
  ineinanderfalten, bis eine schöne Blume entsteht.

› Die fertigen Rosen in eine gebutterte Muffinform setzen.

› Mit viel geschmolzener Butter bestreichen, dann die Rosenbrioches noch eine halbe Stunde aufgehen lassen.

› Mit Rosenzucker bestreuen und im auf 180 °C vorgeheizten Backofen ca. 20 bis 25 Minuten backen.

Die Zubereitung der Rosenbrioches scheint vor dem ersten Versuch
kompliziert zu sein, ist aber nicht so schwer, wie man es sich vorstellt.
Der appetitliche Anblick und der wunderbare Geschmack lohnen die
Mühe! Rosenbrioche immer mit Rosenmarmelade servieren.

Pfiffige Rosen-Schnitten

ZUTATEN FÜR DEN TEIG: • 300 g Mehl • 150 g Butter • 1 Pkg. Backpulver • 2 EL Zucker • 1 EL Sauerrahm • 4 Eigelb

FÜR DIE FÜLLUNG: • 400 g Rosenmarmelade • 150 g ausgelöste Aprikosenkerne

FÜR DIE KAKAOMASSE: • 3 Eier • 250 g Zucker • 300 g Mehl • 1 Pkg. Backpulver • 3 TL Kakaopulver • 1 EL Rosenwasser • 0,3 l Milch • 0,1 l Speiseöl

FÜR DIE DEKORATION: • kandierte Rosenblätter

› Die Zutaten des Teiges verkneten und den Teig in sechs gleiche Teile aufteilen.

› Auf einem mit Mehl bestreuten Brett einzeln dünn ausrollen, mit Rosenmarmelade bestreichen und mit gemahlenen Aprikosenkernen bestreuen.

› Eng einrollen, auf ein mit Backpapier ausgelegtes Backblech in fingerbreiten Abständen nebeneinanderlegen.

› Für die Kakaomasse Zucker mit Eiern schaumig rühren. Öl, Milch und Rosenwasser langsam zugießen, anschließend das mit Backpulver und Kakao vermischte Mehl untermengen.

› Die Kakaomasse auf die im Backblech liegenden Rollen streichen, dann im auf 180 °C vorgeheizten Backofen ca. 25 bis 30 Minuten lang backen.

› Erst abgekühlt in gefällige Teile schneiden.

› Man kann die Schnitten mit kandierten Rosenblättern bestreuen oder vor dem Aufschneiden mit Rosenglasur überziehen. Dazu 0,05 l Rosensirup mit so viel Staubzucker mischen, dass eine dickflüssige Masse entsteht.

Statt der gemahlenen Aprikosenkerne können auch gemahlene Mandeln verwendet werden.

Rosen-Lebkuchen

ZUTATEN:

• 400 g Honig • 0,1 l Rotwein • 120 g brauner Zucker • 10 g Hirschhorn-salz • 200 g grob gehackte Walnüsse • ½ Teelöffel gemahlener Ingwer • ½ Teelöffel gemahlener Kardamom und ½ Teelöffel gemahlene Ge-würznelke • 1 EL Kakaopulver • abgeriebene Schale einer Zitrone • 2 EL Rosenwasser • 600 g Mehl

FÜR DIE OBERFLÄCHE: • 0,05 l Rotwein • ca. 100 g Puderzucker • zwei Handvoll duftende Rosenblätter

› Den Honig erwärmen, den Wein und den braunen Zucker zugeben und glatt rühren.

› Hirschhornsalz und Gewürze zugeben, die grob gehackten Walnüsse und anschließend 400 g Mehl langsam einarbeiten.

› Die mit Folie bedeckte Teigmasse einen Tag lang bei Raumtemperatur stehen lassen.

› Die Masse am nächsten Tag mit dem restlichen Mehl verkneten.

› Den Teig zwischen zwei mit Mehl bestreuten Backpapieren 0,5 mm dick und ca. 300 x 400 mm groß ausrollen. Das obere Papier abziehen, dann den Teig mit dem unteren Papier ins Backblech ziehen.

› Den Teig mit etwas Wasser bestreichen und im auf 180 °C vorgeheiz-ten Backofen ca. 25 bis 30 Minuten backen.

› Den warmen Kuchen mit Zuckerguss überziehen. Dazu Rotwein mit Puderzucker glatt rühren, auf den Kuchen streichen und mit Rosen-blättern bestreuen. Den abgekühlten Kuchen in quadratische Stücke schneiden.

Rosen-Törtchen

ZUTATEN FÜR DEN TEIG:
• 2 Eier • 80 g Butter • 80 g Zucker • 150 g Mehl • ½ Pkg. Backpulver • 5–6 EL Rosensirup

FÜR DIE FÜLLUNG:
• 500 g Quark • 0,2 l Joghurt • 1 Pkg. Vanillezucker • 100 g Zucker • 1 Zitrone
• 1 EL Rosenwasser • 10 g Gelatinepulver

AUF DIE OBERFLÄCHE: • kandierte Rosenblätter

› Die Eier schaumig rühren, weiche Butter und Zucker beimengen. Das mit Backpulver gemischte Mehl langsam einstreuen. Etwas Rosensirup zugeben, um einen dicken Teig zu erhalten.

› Den Teig in eine mit Backpapier ausgelegte kleine (12 bis 14 cm) Tortenbackform füllen und bei 180 °C ca. 20 bis 25 Minuten lang backen.

› Torte aus der Backform nehmen, auskühlen lassen und in drei Tortenblätter schneiden.

› Inzwischen die Creme zubereiten. Den Quark durch ein Sieb streichen, Joghurt, Zucker und Vanillezucker untermengen, mit abgeriebener Zitronenschale, Zitronensaft und dem Rosenwasser abschmecken.

› Das Gelatinepulver in 0,05 l Wasser einweichen, erwärmen, der Creme zugeben und die Creme glatt rühren. Im Kühlschrank fest werden lassen.

› Die Tortenblätter mit zwei Drittel der Creme bestreichen, dann die Blätter aufeinanderlegen. Die Oberfläche und den Rand der Torte mit der restlichen Creme überziehen. Die Torte kann mithilfe eines Spritzbeutels mit Sterntülle schön verziert werden.

› Kalt stellen und vor dem Servieren mit kandierten Rosenblättern dekorieren.

Rosenmarmelade

ZUTATEN:

• 500 g Rosenblätter • 300 ml Wasser • 500 g Zucker • Saft von 2 Zitronen

› Die Rosenblätter abspülen, den hellen Blütenansatz entfernen. Wasser aufkochen, die Rosenblätter zugeben, dann 5 Minuten lang kochen.

› Zucker und Zitronensaft zugeben und bei geringer Hitze ca. 25–30 Minuten lang kochen, bis die Marmelade geliert.

› Vom Herd nehmen, in kleine Gläser füllen. Wenn Sie Rosenlikör haben, je 1 EL Rosenlikör ins Glas gießen. Anschließend die Gläser verschließen.

› Dunkel lagern und nach dem Öffnen im Kühlschrank aufbewahren.

Rosenmarmelade kann auch aus Apfelmus zubereitet werden. Man ersetzt das Wasser durch fertiges Apfelmus. Das ergibt eine feine, pikante Obstmarmelade mit Rosengeschmack.

Rosengelee mit Rosenpfeffer

Eine pfiffige Köstlichkeit: Dieses Gelee passt zu reifen, stark riechenden Käsesorten oder zu Bratäpfeln und Walnussgebäck.

....

ZUTATEN:
• 500 g Rosenblätter • Einmachzucker • 1 l Wasser • Saft von 2 Zitronen • 1 EL Rosenpfeffer

....

› Die Rosenblätter abspülen, eine kleine Handvoll Blätter beiseite stellen.

› Wasser zum Kochen bringen, Rosenblätter und Zitronensaft zugeben, dann ca. 20–25 Minuten kochen lassen. Zugedeckt über Nacht ziehen lassen.

› Am nächsten Tag filtern, die Rosenblätter ausdrücken und weggeben. Die erhaltene Rosenessenz abmessen, Einmachzucker in entsprechender Menge (lt. Angabe auf der Packung), die restlichen Blüten und den Rosenpfeffer zugeben, dann entsprechend der Beschreibung auf der Zuckerpackung vorgehen.

› Das fertige Gelee in kleine Gläser füllen, die Gläser verschließen.

› Hat man Rosenlikör, kann je 1 EL Rosenlikör in jedes Glas gefüllt werden, das erhöht die Haltbarkeit!

Birnen mit Ingwer-Rosenblätter-Sauce

ZUTATEN:

• 4 Williamsbirnen • 1 Zitrone • 0,6 l Wasser • ein haselnussgroßes Stück frischer Ingwer • 200 g Zucker • zwei Handvoll duftende Rosenblätter • 1 EL Rosenwasser

› Zitronensaft auspressen, in 0,5 l Wasser gießen, eine Zitronenscheibe und 50 g Zucker zugeben.

› Mit Ingwerstreifen abschmecken, aufkochen.

› Birnen schälen, halbieren, das Samengehäuse entfernen. In den kochenden Sirup legen, zudecken und ca. 5 bis 6 Minuten lang schwach perlend kochen. Vom Herd nehmen und abkühlen lassen.

› Aus dem restlichen Zucker und 0,1 l Wasser einen dicken Zuckersirup kochen.

› Mit einem Hauch Ingwer abschmecken, die Rosenblätter einstreuen und unter ständigem Rühren bis zur Marmeladendicke einkochen lassen. Mit Rosenwasser abschmecken.

› Die Birnen vor dem Servieren aus dem Sirup nehmen, abtropfen lassen und die Hälften der Birnen mit der duftenden Rosenblättersauce füllen. Kalt servieren.

Bratäpfel mit göttlichem Rosenschaum

....

ZUTATEN:
• 4 säuerliche Äpfel • ein wenig Butter zum Einfetten • 50 g gehackte Mandeln • ½ EL gehacktes Orangeat • 50 g Rosengelee • 1 EL Rosenlikör

ZUTATEN FÜR ROSENSCHAUM:
• 3 Eigelb • 0,2 l halbsüßer Rosé • ca. 80 g Rosenzucker

....

› 4 säuerliche Äpfel waschen und schälen. Das Kerngehäuse der Äpfel ausstechen, Äpfel in eine gebutterte feuerfeste Form stellen.

› Gehackte Mandeln und gehacktes Orangeat mit Rosengelee und Rosenlikör mischen und die Äpfel mit dieser Mischung füllen.

› Im vorgeheizten Ofen ca. 10 Minuten backen.

› Anschließend die Äpfel mit Rosenlikör beträufeln und nochmals 10 Minuten im Rohr weiterbacken.

› Für den Rosenschaum Eigelb mit Rosenzucker und Rosé über heißem Dampf aufschlagen.

› Die Bratäpfel mit Rosenschaum und Rosenblättern sofort servieren.

Rosensirup

....

ZUTATEN:
• 2 Handvoll duftende Rosenblätter oder Blüten der wilden Heckenrose • 1 kg Zucker • 1 Zitrone • 1 EL Zitronensäure • 4 l Wasser

....

› Eventuelle Verunreinigungen und vertrocknete Teile von den Blüten entfernen. Die verlesenen, gereinigten Blüten in ein 5–l–Gurkenglas füllen.

› Zucker, Zitronensäure und in Scheiben geschnittene Zitrone zugeben und mit 4 l Wasser aufgießen. Zwei Tage lang bedeckt stehen lassen, immer wieder umrühren, damit sich der Zucker auflöst.

› Nach zwei Tagen alles aufrühren, durch ein Sieb gießen, die Pflanzenteile dabei fest ausdrücken.

› Den fertigen Sirup in kleine Flaschen füllen und sorgfältig verschließen. Um die Haltbarkeit zu erhöhen, stellt man die Fläschchen in einen bis zur Hälfte mit Wasser gefüllten Topf. Den Topf auf ein Backblech stellen und für 20 Minuten bei 220 °C erhitzen.

› Kühl und dunkel lagern.

Man kann den Sirup auch zubereiten, indem man das Wasser mit dem Zucker aufkocht. Wenn sich der Zucker auflöst, die Rosenblätter einlegen und 10 Minuten lang unter ständigem Rühren mitkochen. Zitronensäure zugeben, dann noch einmal durchkochen und einen Tag lang stehen lassen. Den Sirup durch ein feines Sieb seihen, wiederum aufkochen und in kleine Flaschen füllen. Die Flaschen verschließen.

Es wäre ein Fehler, die ausgezogenen Blütenblätter wegzuwerfen. Sie ergeben eine ausgezeichnete Gesichtsmaske! Rose erfrischt und belebt die Augenpartie.

Rosengarten-Cocktail

ZUTATEN PRO PERSON:
• 0,05 l Rosensirup • 0,05 l weißer Rum • Saft einer halben Limette

FÜR DIE DEKORATION:
• Rosenzucker und kandierte Rosenblätter

› Den Rand des Glases in Zitronenwasser ca. 2 bis 3 mm tief eintauchen, abschütteln, dann in auf einen Teller gestreuten Rosenzucker tunken.

› Rosensirup, Rum und Limettensaft mit einigen Eiswürfeln im Mixbecher kräftig schütteln, in die vorbereiteten Gläser mit Zuckerrand füllen. Cocktail mit frischen oder kandierten Rosenblättern dekorieren.

Rosenbowle

ZUTATEN FÜR 8 PERSONEN:
• 3 Handvoll Rosenblätter • 0,15 l Weinbrand oder Cognac • 0,5 l halbsüßer Weißwein • 1 Zitrone • 200 g Zucker • 200 g Erdbeeren • 1 Flasche halbsüßer Sekt

› 2 Handvoll Rosenblätter in die Bowleschüssel legen.

› Zucker, die in Scheiben geschnittene Zitrone, Weinbrand (Cognac) und Weißwein zugeben. Mindestens eine Stunde lang abgedeckt an einem kühlen Ort reifen lassen.

› Vor dem Servieren absiehen, die gewaschenen und in Stücke geschnittenen Erdbeeren zugeben, mit eisgekühltem Sekt aufgießen und mit den restlichen Rosenblättern dekorieren.

Nach Ende der Erdbeersaison kann auch anderes Obst im Rosensekt gebadet werden. Es lohnt sich, die Rosenbowle mit Aprikosen, Pfirsichen oder Melonen zuzubereiten!

Lavendel
für Herz und Seele

Geschmack eines Duftes

Es sind die Düfte, die sich am hartnäckigsten in unserem Gedächtnis einprägen. Licht, Bilder oder Töne, sogar ein Geschmack sind schon längst in der Dunkelheit der Vergangenheit verloren, aber das Herz klopft selbst nach mehreren Jahrzehnten heftiger: Ja, dieser Duft! Die Ruhe, die Reinheit, die romantische Verlockung eines Hauses auf dem Land, die feine Gesellschaft der Rosen im Garten: Lavendel. Es erscheinen Spitzendekorationen und Hohlsaum-Tischdecken vor dem geistigen Auge, die Innigkeit der goldenen alten Zeiten, eine traute Gemütlichkeit. Riecht man die mit Lavendel gefüllten Säckchen, fliehen die Motten aus dem Wäscheschränkchen, aber der anmutige Charme der winzigen lilafarbenen Blüten, der wohlbekannte Duft, entzückt immer wieder. *„Riecht man im Traum Lavendelduft, so ruft man die Erinnerung eines schönen Erlebnisses hervor",* heißt es im Traumbuch.

Wenn man den Lavendel schmeckt, lernt man eine völlig neue Welt kennen. Es ist eine köstliche, leichte Geschmacksrichtung, bei der im Mund die Süße des Pollens und des Nektars sowie das herbe Aroma der Blütenblätter zusammentreffen. Der Zauber des Lavendels erzeugt nicht nur Harmonie im Menschen, sondern er erquickt und beruhigt gleichzeitig und schenkt uns ein besonderes Erlebnis. Unter den wundervollen essbaren Blüten ist Lavendel einer der glanzvollsten Edelsteine.

Interessantes

Lavendel (*Lavandula angustifolia*) ist ein immergrüner Halbstrauch, der in die Familie der Lippenblütler (*Lamiaceae*) gehört. Seine Urheimat ist der Mittelmeerraum. Er ist leicht an seinen lilafarbenen Rispen und dem charakteristischen Duft erkennbar. In Ungarn kommt er nur in Anbaukulturen vor. Er ist eine der bekanntesten und beliebtesten Heilpflanzen. Seine gesundheitsfördernde und regenerierende Wirkung ist seit dem Altertum bekannt. In den Anwedungsmöglichkeiten werden beruhigende, desinfizierende, wundheilende, krampflösende Fähigkeiten sowie die Linderung von Spannungen und Stress erwähnt. Der Gebrauch des Lavendels ist vielseitig: von der Kosmetikbranche über die Phytotherapie bis hin zur Likörindustrie; und neuerdings wendet sich auch die Gastronomie mit besonderem Interesse dieser Pflanze zu.

Im spirituellen Denken ist Lavendel ein Zeichen für geistige Energie. Diejenigen, die die Blütenfarbe des Lavendels mögen, neigen zum mystischen Denken. Im christlichen Kulturkreis ist er wegen der lila Farbe ein Attribut der Buße, eine Pflanze Maria Magdalenas. Eine große Ärztin des Mittelalters, Hildegard von Bingen, bereitete ihren Kranken eine Arznei zu, indem sie Lavendel in Wein, Wasser und Honig kochte. Sie war der Auffassung, dass diese Arznei Kopf und Verstand reinigt und ein waches und lebendiges Bewusstsein bewirkt. Er wirkt positiv auf Herz, Magen und Leber. Die Verwendung der Heilpflanzen, nicht zuletzt des Lavendels, erlebt heute eine Renaissance.

Zur Speisenzubereitung sollten Sie ausschließlich Blüten verwenden, die zu diesem Zwecke angebaut wurden! Blumen, die als Zierpflanze angebaut oder verkauft werden bzw. Blüten unsicherer Herkunft sollte man im eigenen Interesse nicht als Nahrung verwenden!

Lavendel
REZEPTE

Lavendelessig

In der Küche der Lavendelnarren darf Lavendelessig nicht fehlen!

ZUTATEN:
• 0,5 l Weinessig • ca. 10–12 Lavendelzweige • 2 Estragonstämmchen

› Lavendel und Estragon auf einem Papiertuch verteilen, einen Tag lang trocknen lassen.

› Den Weinessig in ein Glas mit breitem Hals füllen, die Pflanzen zugeben, das Glas sorgfältig verschließen und an einen dunklen Ort stellen.

› Mindestens 6 Monate lang reifen lassen, ab und zu aufschütteln.

Den fertigen Essig filtern, in kleine Flaschen füllen, ein oder zwei getrocknete Lavendel als Dekoration in die Flaschen stecken. Dunkel lagern, dann behält der Essig seine schöne Farbe.

Lavendelsalz

ZUTATEN:
• grobes Salz • Rosmarin • Lavendel • bunter Pfeffer

› Für 300 g Salz benötigen Sie jeweils 1 Esslöffel von allen drei Zutaten. Sofern möglich, Meer- oder Himalayasalz verwenden.

› Rosmarin und Lavendel rebeln und kurz trocknen lassen. Zusammen mit dem bunten Pfeffer zum Salz geben, zusammenschütteln und mischen.

› In einem gut verschließbaren Gefäss aufbewahren.

Passend zu Fleischgerichten, Brotteigen, Salaten und Gemüse. Eventuell in einer Pfeffer- oder Salzmühle auf den Tisch stellen, damit jeder nach Belieben nachträglich würzen kann.

Brot der Provence

ZUTATEN:

• 200 g Roggenmehl • 150 g Maismehl • 200 g feines Weizenmehl •
2 TL Salz • 1 EL Zucker • ½ TL gemahlener schwarzer Pfeffer • 1 EL
Olivenöl • 25 g Hefe • 200–250 ml Wasser • 1 Knoblauchzehe • je 1 EL
fein gezupfte Lavendelblüten und Rosmarinblättchen

› Zutaten in die Knetmaschine geben und 15 bis 20 Minuten lang
  kneten.

› Zugedeckt gehen lassen, anschließend vorsichtig durchkneten
  und Laibe formen. Mit Wasser bestreichen, Oberfläche mit
  einem scharfen Messer quer einschneiden, in den vorgeheizten
  Backofen schieben und bei 180 °C in 40 bis 45 Minuten backen.
  Auf einem Gitter abkühlen lassen.

› Den Laib mit dem aparten Geschmack und Aroma dünn aufschneiden, mit weicher Butter bestreichen und servieren.

› Der Teig kann auch in einem Brotbackautomaten zubereitet
  werden.

*Dazu Lavendelbutter servieren: Ein paar Brombeeren oder Erd-
beeren in weiche Butter einarbeiten, mit frischen Lavendelblüten
würzen; Menge des Lavendels je nach Geschmack variieren. Im
Kühlschrank ziehen lassen.*

Ziegenkäsecreme mit Lavendel

Dank des intensiven Aromas eignet sich der Lavendel dazu, charaktervollen Geschmack hervorzuheben. Ein milder Ziegenkäse schmeckt noch anregender, wenn man ihn ein wenig mit Lavendel würzt. Hat man keinen Ziegenkäse, kann man die Creme aus Schafkäse zubereiten.

ZUTATEN:

• 150 g Ziegenkäsecreme • 1 kleine Zwiebel • 1 EL frische Lavendelblüten • 1 EL Olivenöl • 1 EL Honig • Salz

› Die sehr fein geschnittene Zwiebel in Butter glasig dünsten.

› Abgerebelte Lavendelblüten zugeben, oder gemörserte getrocknete Lavendelblüten verwenden, wenn man keine frischen hat.

› Mit der Käsecreme und dem Honig gründlich vermengen, salzen.

› Die Käsecreme in ein gut verschließbares Gefäß füllen, mindestens eine Stunde in den Kühlschrank stellen, damit die Aromen reifen.

› Die Käsecreme mit frischen Backwaren oder Toast servieren.

Lavendel-Fenchel-Quiche

Der Kuchen schmeckt kalt und warm. Als Vorspeise, zum Wein oder als leichtes Abendessen servieren.

....

ZUTATEN:

• 115 g Mehl • eine Prise Salz • 50 g Butter • 2 EL kaltes Wasser

FÜR DIE FÜLLUNG:

• 75 g Butter • 1 große Zwiebel • 1 kleiner Fenchel • 2 EL frische oder 1 EL getrocknete Lavendelblüten • 0,15 l Sauerrahm • 2 Eigelb • Salz • gemahlener Pfeffer

....

› Die kalte Butter in kleine Stücke schneiden, mit dem Mehl abbröseln, mit einer Prise Salz verfeinern, Wasser zugeben und einen elastischen Teig kneten.

› Mit dem ausgerollten Teig 4 ca. 80 mm große Förmchen auslegen. Mit einer Gabel Löcher in den Teig stechen, dann in den Kühlschrank stellen.

› Zwiebel fein schneiden, in geschmolzener Butter glasig dünsten. Fein geschnittenen Fenchel zugeben, ca. 15 Minuten lang dünsten. Vom Herd nehmen und die Lavendelblüten zugeben.

› Die mit dem Teig ausgelegten Förmchen in den vorgeheizten Backofen stellen und bei 180 °C 8 Minuten backen.

› Das Gemüse-Lavendel-Gemisch in die Törtchen füllen. Eigelb mit dem Sauerrahm glatt rühren, salzen, pfeffern und auf die Gemüsemasse schichten.

› Nochmals in den Herd schieben und in 10 bis 15 Minuten fertigbacken. Mit frischen Lavendelblüten dekorieren.

Pikante Auberginen

ZUTATEN:

• 4 kleinere Auberginen • 100 ml Öl • Salz • 100 g Walnüsse • 100 g Semmelbrösel • 1 fleischige rote Paprikaschote • 10–12 blühende Lavendelzweige • 4–5 Rosmarinzweiglein

› Die Semmelbrösel mit den grob gehackten Walnüssen in ein paar Tropfen Öl goldgelb rösten.

› Lavendelblüten, abgezupfte Rosmarinblättchen und die fein gehackte Paprikaschote dazustreuen, gründlich vermengen.

› Auberginen in fingerdicke Scheiben schneiden, salzen, mit Öl bestreichen und auf einer Röstplatte (oder in der Pfanne) braten.

› Die Auberginenscheiben in den farbig-aromatischen Bröseln wälzen und anschließend für einige Minuten in den heißen Ofen schieben, um sie zu wärmen und damit sich die Aromen entfalten können.

› Als Vorspeise oder als fleischloses Gericht servieren.

Lammbraten in Lavendelrauch

ZUTATEN:
• 4 kleine Lammhaxen • Knoblauch • Rosmarin • Thymian • 8 Lavendelzweige • Salz • 100 ml Öl

› Lammhaxen vorbereiten: mit den Knoblauchzehen spicken und mit Salz einreiben.

› Die fein gehackten Rosmarinblätter, Lavendel und Thymian in Öl einrühren und die Haxen damit bestreichen. In einer verschlossenen Schüssel mindestens einen Tag lang ziehen lassen, zwischendurch ab und zu umdrehen.

› Am Folgetag Lammhaxen über Holzkohlenglut unter ständigem Wenden braten; achten Sie darauf, dass sie dabei richtig durchgebraten und geröstet werden.

› Beim Braten regelmäßig eine Handvoll Lavendelstängel auf die Glut werfen, damit das Aroma das Fleisch durchzieht.

› Wenn die Lammhaxen durch sind, in Alufolie einwickeln und 10 Minuten ruhen lassen, anschließend servieren.

› Dazu gegrilltes Gemüse und eventuell ein frisch gebackenes Lavendelbrot servieren.

Kandierter Lavendel

....

ZUTATEN:
• Staubzucker • Lavendel • Eiweiß

....

› Für kandierten Lavendel die frischen Lavendelzweige einzeln mit ein bisschen verquirltem Eiweiß bestreichen und mit Zucker bestreuen.

› Nach mehrstündigem Trocknen umdrehen und so lange wiederholen, bis der Blütenzweig völlig trocken und einen reifartigen Belag hat. Dunkel und kühl aufbewahren.

Lavendelzucker

....

ZUTATEN:
• Kristallzucker • Lavendel

....

› Lavendelblüten abrebeln und einige Stunden trocknen lassen.

› Lavendel und Zucker in kleine Gläschen schichten und gut verschließen. Einige Wochen durchziehen lassen. Während dieser Zeit übernimmt der Zucker das Aroma des Lavendels.

Lavendelzucker kann zur Zubereitung von verschiedenen Kuchen verwendet werden. Je nachdem, wie intensiv ein Gericht schmecken soll, kommt Zucker gesiebt (ohne Blüten) oder mitsamt den Blüten in den Teig. Lavendelzucker ist zudem ein nettes Mitbringsel.

Pfirsichsuppe mit Lavendel

....

ZUTATEN:
• 400 ml Joghurt • 200 ml Orangensaft • 4 reife Pfirsiche • 2 EL Honig
• einige Tropfen Zitronensaft • 8 Lavendelzweige

....

› Joghurt, Orangensaft und die entkernten Pfirsiche mit einem Mixer fein zerkleinern.

› Honig dazugeben, mit ein paar Tropfen Zitronensaft abschmecken und glatt rühren.

› Lavendelblüten hineinstreuen und bis zum Servieren abgedeckt im Kühlschrank lagern.

› In einer Suppenschale oder einem Glaskelch eiskalt servieren. Die Suppe mit Schlagsahne oder je einem Lavendelzweig dekorieren.

Diese Sommersuppe kann der herrlicher Auftakt eines festlichen Mittagessens sein. Sie lässt sich auch aus anderen Obstsorten herstellen. Um das Lavendelgefühl noch mehr zu steigern, bieten Sie dazu Lavendelkekse an.

Weiße Schokoladensuppe

ZUTATEN:
• 300 ml Sahne • 300 ml Milch • 3 Rosmarinzweiglein • 150 g weiße Schokolade • 1 EL Maisstärke • 6 Lavendelzweige

ZUM VERZIEREN:
• 4 EL Zucker • 1 EL Lavendelblüten

› Sahne mit der Hälfte der Milch, den Rosmarinzweigen und 3 Lavendelzweigen zum Kochen bringen.

› Die restliche Milch mit der Stärke glatt rühren. Unter ständigem Rühren in die duftende Milch gießen, aufkochen.

› Einige Minuten binden lassen, dann vom Feuer nehmen. Schokolade hineinbröckeln und so lange rühren, bis sich diese völlig aufgelöst hat. Abgedeckt abkühlen lassen.

› Währenddessen Zucker karamellisieren. Wenn der Zucker goldgelb wird, die abgezupften Lavendelblüten der restlichen Stämmchen hineinstreuen, umrühren und Karamell auf eine Marmorplatte (oder auf einen kalten Teller) gießen.

› Die pflanzlichen Teile aus der lauwarmen Suppe entfernen, die Suppe in Schalen verteilen, den fein zerbröselten, gerösteten Zucker daraufstreuen und sofort servieren.

Rosmarin und Schokolade bilden ein edles Duo. Der geröstete Lavendelzucker macht die köstliche Suppe noch attraktiver. Mit je einem Lavendellebkuchen oder einem bunten Obstspieß kann die Suppe noch ansprechender gestaltet werden.

Rhabarberdessert

ZUTATEN FÜR 4 PERSONEN:

• 300 g Rhabarberstiele • 120–150 g Zucker • 8 bis 10 Lavendelzweige • 100 ml süßer Weißwein • 2 EL Maisstärke

› Rhabarber putzen, Schale dünn abziehen, die Stangen in Stücke schneiden. Zucker und so viel Wasser dazugeben, dass der Rhabarber bedeckt ist. Bis zum Siedepunkt erhitzen.

› Stärke in den Wein einrühren, mitsamt Lavendel zum kochenden Rhabarber geben. Unter ständigem Rühren zum Kochen bringen. Wenn nötig, danach abschmecken (Lavendel eventuell entfernen) und in Glaskelchen abkühlen lassen.

Ein erfrischendes Sommerdessert. Je nach Rhabarberfarbe erhalten Sie Kompott in Pastellgrün oder Hellrosa.

Brombeer-Schokocreme

ZUTATEN:

• 1 Packung Schokopuddingpulver zum kalt Anrühren • 300 ml Milch • 200 g Brombeeren • 2 EL Puderzucker • 1 EL Cognac (Weinbrand) • 2 EL Lavendelblüten

› Brombeeren waschen, abtropfen lassen, mit Cognac übergießen und mit Staubzucker bestreuen.

› Pudding entsprechend der Beschreibung auf der Packung vorbereiten und zunächst die Lavendelblüten, dann Brombeeren, Cognac und Zucker einrühren. In Gläsern oder in Kompottschalen kühl servieren.

Die Milch kann vor der Verwendung mit Lavendelblüten aromatisiert werden. Pudding mit dieser nach Lavendel duftenden Milch anrühren!

Gefüllte Pfirsiche

ZUTATEN FÜR 4 PERSONEN:
• 4 große, weißfleischige, leicht zu entsteinende Pfirsiche • 200 g Quark • 1 EL Sauerrahm • 1 EL frische Lavendelblüten • 1 EL Zucker • 50 g Walnüsse • 40 g Butter

› Pfirsiche halbieren, Steine entfernen und in eine feuerfeste Schüssel setzen.

› Quark mit Sauerrahm und Zucker glatt rühren. Die abgezupften Lavendelblüten dazugeben und in die Pfirsichhälften füllen.

› Die grob gehackten Walnüsse daraufstreuen, Butterflocken über den Pfirsichen verteilen und im heißen Ofen 10 Minuten backen. Als warmes Dessert sofort servieren.

Lavendel-Pralinen

ZUTATEN:
• 200 g Marzipanmasse • 80 bis 100 g Puderzucker • 1 EL Lavendelblüten • 20 g geriebene Schokolade

› Marzipanmasse mit einem Teil des Staubzuckers und den Lavendelblüten verkneten. Masse in zwei Teile teilen. In die eine Hälfte die geriebene Schokolade einarbeiten.

› Aus den beiden Lavendel-Marzipanmassen kleine Kugeln formen, in Puderzucker – eventuell Lavendelpuderzucker – wälzen und in eine Schüssel setzen. In jede Praline je einen kandierten Lavendelzweig stecken (ist kein Muss).

Die Marzipanpralinen bleiben lange frisch. Noch intensiver schmecken sie, wenn man den gesamten Staubzucker durch gemörserten Lavendelzucker ersetzt.

Lavendel-Honigplätzchen

ZUTATEN:

• 500 g Mehl • 250 g Honig • 100 g Lavendelzucker • 50 g Butter • 2 Eigelb • 2 TL Speisesoda • 2–3 EL Milch

FÜR DIE DEKORATION:

• 2 Eiweiß • ca. 100 g Lavendelzucker • kandierter Lavendel

› Die Teigzutaten verkneten und abgedeckt im Kühlschrank mindestens einen Tag lang ziehen lassen (der Teig kann eine Woche lang aufbewahrt werden).

› Den Honigteig auf einem mit Mehl bestreuten Küchenbrett einen halben Zentimeter dick ausrollen und verschiedene Formen ausstechen.

› Die ausgestochenen Plätzchen auf ein mit Papier belegtes Backblech geben und im vorgeheizten Ofen bei 180 °C in 15 bis 17 Minuten goldbraun backen.

› Die Lebkuchen nach dem Abkühlen mit Zuckerglasur bestreichen. Dazu Zucker fein mahlen und mit dem Eiweiß zu einer dicken Masse verrühren. Nach Belieben mit je einem kandierten Lavendelzweig dekorieren.

Rollen mit Lavendelschnee

ZUTATEN:
• 1 Packung Butter-Blätterteig (400 g) • 50 g Butter • 1 Ei

FÜR DIE FÜLLUNG:
• 300 ml Milch • 2 EL Lavendelzucker • 200 ml Sahne • 2 EL Maisstärke • 2 Eier •
50 g Zucker • 20 blühende Lavendelzweige

› Für die Füllung am Vortag Milch mit Lavendelzucker zum Kochen bringen und abgedeckt stehen lassen, damit sich das Aroma in der Milch entfaltet.

› Blätterteig auf einem mit Mehl bestreuten Küchenbrett 3 bis 4 mm dick ausrollen und in 3 cm breite Streifen schneiden.

› Die für Schaumrollen vorgesehenen Metalltrichter mit Butter bestreichen, den Teig straff daraufwickeln, sodass sich die Teigstreifen einen halben Finger breit überlappen.

› Mit verquirltem Ei bestreichen, auf ein Backblech mit Backpapier in Reihen aufstellen und im heißen Ofen goldbraun backen. Sobald sie fertig sind, noch in heißem Zustand von den Formen lösen und abkühlen lassen.

› Für die Füllung die Lavendelmilch abseihen und zum Kochen bringen.

› Sahne mit Eigelb, Zucker und Stärke verrühren, dann in die heiße Milch gießen und unter ständigem Rühren erhitzen, bis die Masse bindet.

› Vom Feuer nehmen und das zu Schnee geschlagene Eiweiß locker unter die Masse ziehen. Teigrollen mit der gekühlten Creme füllen. Zur Dekoration je einen blühenden Lavendelzweig hineinstecken.

Mit dieser samtig-zarten Lavendelcreme können auch Kuchen gefüllt werden.

Mittelmeerrausch

ZUTATEN:
- 250 g griffiges Mehl • 1 TL Backpulver • 2 EL Maisstärke • 50 g Butter • 2 EL Honig • 50 g Zucker • 50 ml Orangensaft • 1 Ei • 1 EL Lavendelblüten

FÜR DIE ZITRONENCREME:
- 50 g Butter • 100 g Kristallzucker • 2 Eigelb • 2 mittelgroße Zitronen

› Mehl mit Backpulver und Stärke mischen.

› Weiche Butter, Honig, Zucker, Orangensaft und Ei zufügen, Lavendelblüten einstreuen, anschließend die Masse gründlich verrühren.

› Aus der dicken Masse mit zwei Teelöffeln Häufchen in großen Abständen zueinander auf ein Backblech mit Backpapier setzen, damit sie beim Backen nicht zusammenkleben.

› Die Küchlein im vorgeheizten Backrohr bei 180 °C etwa 6 bis 8 Minuten goldgelb backen.

› Für die Creme die Schalen der Zitronen abreiben und ihren Saft auspressen. Butter über Dampf zergehen lassen, und das verquirlte Eigelb, Zucker, Zitronenschale und -saft nach und nach einrühren.

› So lange im Dampfbad kochen, bis die Masse fest wird.

› Die Creme auskühlen lassen, die Kekse damit bestreichen und jeweils zwei Stück zusammenkleben.

Die Zitronencreme können Sie auch für andere Kuchen verwenden. Haben Sie sie einmal zubereitet, werden Sie sie sofort lieben.

Körbchen mit Heidelbeeren und Lavendel

ZUTATEN FÜR DEN TEIG:
• 100 g Butter • 100 g Zucker • 300 g Mehl • 2 Eigelb • 1–2 EL Sauerrahm

FÜR DIE CREME:
• 500 ml Milch • 1 Packung Vanillepudding • 4 EL Zucker • 1 Packung Vanille-zucker • 3 EL Lavendelblüten • 250 g Heidelbeeren

› Butter mit Mehl zerbröseln, dann mit dem Zucker, dem Eigelb und so viel Sauerrahm verkneten, dass ein gut formbarer Teig entsteht. In Folie gewickelt in den Kühlschrank legen.

› Inzwischen die kleinen Körbchenformen ausbuttern und mit Mehl be-stäuben.

› Den Teig 2 bis 3 mm dick ausrollen, körbchengroße Plätzchen daraus ausstechen und die Körbchen damit auslegen.

› Den Rand mit Eiweiß bepinseln und in Reihen auf das Backblech setzen. Im vorgeheizten Ofen bei 180 °C ca. 10 Minuten lang schön hell backen.

› Aus den Formen stürzen und auskühlen lassen. Aus Milch, Zucker und Puddingpulver einen festen Pudding kochen, vom Herd nehmen und mit einer Packung Vanillezucker und mit Lavendel abschmecken.

› Die Teigkörbchen mit lauwarmem Pudding füllen und Heidelbeeren dar-aufhäufen. Für einige Stunden in den Kühlschrank stellen.

Das Trio aus Heidelbeeren, Vanille und Lavendel ist eine wirklich gelungene Kombination, Sie können aber auch mit anderen Obstsorten experimentie-ren. Die Oberfläche der kleinen Körbchen kann mit einem aus Lavendelsirup gekochten Gelee „glasiert" werden.

„Evergreen" Lavendelkekse

ZUTATEN:
• 230 g Mehl • 1 TL Backpulver • 1 Prise Salz • 150 g Butter • 100 g Lavendelzucker • 1 Ei

› Mehl mit Backpulver, Salz und fein gemahlenem Lavendelzucker vermengen.

› Weiche Butter und Ei dazugeben und gut verrühren.

› Teig in Folie einschlagen und einige Stunden kühl stellen.

› Danach auf einem mit Mehl bestreuten Küchenbrett 2 bis 3 mm dick ausrollen und beliebige Formen ausstechen.

› Die Kekse in Reihen auf ein Backblech mit Backpapier legen, und im vorgeheizten Ofen 8 bis 10 Minuten hell backen.

Sie können die Kekse mit Lavendelpuderzucker bestäuben. Diese Kekse lassen sich schnell zubereiten, sind lange haltbar, und wenn Sie Lavendelzucker parat haben, können Sie sie jederzeit backen. Diese Leckerbissen sorgen immer für großen Erfolg, sogar bei denjenigen, die dem Lavendel nicht besonders zugeneigt sind!

Weingebäck Pogatsche

ZUTATEN:
• 120 g Butter (oder Schmalz) • 1 EL Lavendelblüten • 250 g Mehl
• 250 g Quark • 1 Ei • 1 TL Backpulver • 1 TL Salz • 1 TL geriebene
Zartbitterschokolade

AUF DIE OBERFLÄCHE:
• 1 Ei • grobes Salz

› Butter schmelzen, die Lavendelblüten eine halbe Minute lang
darin braten, anschließend erstarren lassen.

› Falls der Quark körnig ist, cremig rühren und das Mehl, das
Backpulver, die geriebene Schokolade und das ganze Ei hinzufügen. Danach mit der Lavendelbutter verkneten.

› Den gut durchgearbeiteten Teig in Alufolie einwickeln und
mindestens eine Stunde lang ruhen lassen.

› Danach fingerdick ausrollen, mit Ei bestreichen, mit einem
Messer gitterförmig einschneiden und runde Plätzchen mit
einem Durchmesser von 3 bis 4 cm ausstechen.

› Die Teigscheiben auf ein mit Backpapier belegtes Backblech geben,
grobes Salz daraufstreuen und im vorgeheizten Ofen bei 180 °C
15 bis 17 Minuten goldbraun backen.

*Auf den ersten Blick mag das vielleicht eine seltsame Kombination
sein: Lavendel, Zartbitterschokolade und Salz, aber Sie sollten es
unbedingt probieren. Sie werden es nicht bereuen!*

Muffins mit Lavendel

ZUTATEN:

• Je 1 kleinere Orange und 1 Apfel • 150 ml Orangensaft • 2 Eier • 80 g Butter • 250 g Mehl • 1 Packung Backpulver • 1 Prise Salz • 120 g Lavendelzucker • 80 g gemahlene Walnüsse • Butter und Mehl für die Form

› Orange gründlich mit warmem Wasser waschen.

› Zusammen mit dem geschälten, entkernten Apfel zerteilen und in den Mixer geben.

› Orangensaft, die verquirlten Eier und die geschmolzene Butter dazugeben und mixen.

› In eine Teigschüssel gießen, Mehl, Backpulver, Lavendelzucker und die gehackten Walnüsse dazustreuen, mit einer Prise Salz abschmecken und glatt rühren.

› Muffinbackformen buttern und mit Mehl bestäuben, die Masse hineinlöffeln.

› Im vorgeheizten Ofen bei 180 °C etwa 22 bis 25 Minuten hellbraun backen. Mit Lavendelpuderzucker bestreuen und servieren.

Für die Schokoladevariante statt der Walnüsse fein gehackte Schokolade in die Masse mischen. Zu feierlichen Anlässen mit Lavendelzuckerglasur überziehen oder mit kandiertem Lavendel dekorieren!

Lavendeltorte

ZUTATEN:
• 175 g Butter • 175 g Puderzucker • 3 Eier • 175 g Mehl • 2 EL frische Lavendelblüten oder 1 EL getrocknete Lavendelblüten • 1 Pkg. Vanillezucker • 2 EL Milch

FÜR DIE DEKORATION:
• 2 TL Lavendelsirup • Puderzucker • frische Lavendelblüten

› Butter mit dem Zucker schaumig rühren.

› Die Eier zugeben und weiterrühren, bis die Masse weiß schaumig ist.

› Das Mehl dazusieben, dann mit den Lavendelblüten, dem Vanillezucker und der Milch verrühren.

› Den Teig in eine gefettete, ca. 200 Millimeter große Form geben, im vorgeheizten Ofen bei 180 °C ca. 50 Minuten backen.

› Aus dem Backofen nehmen, auf ein Gitter stürzen und abkühlen lassen.

› Lavendelsirup mit Puderzucker mischen, um eine dickflüssige Masse zu erhalten.

› Den abgekühlten Kuchen damit bestreichen und mit Lavendelblüten verzieren.

Haben Sie einige bunte Blüten, sparen Sie nicht damit. Streuen Sie ruhig auch diese auf die Lavendelglasur, so wird der Kuchen noch interessanter! In der Winterzeit kann man die Torte mit dem in der Kaffeemühle gemahlenen Lavendelzucker zubereiten.

Apfeltorte aus dem alten Garten

ZUTATEN:
- 200 g Mehl • 100 g Butter • 100 g Puderzucker • 2 Eigelb • ca. 500 ml Milch
- 1 TL Backpulver • 4–5 Zitronengeranienblätter

FÜR DIE FÜLLUNG:
- 300 g Quark • 2 Eier • 100 g Zucker • 1 EL frische Lavendelblüten • 100 ml Milch • 3 EL Semmelbrösel • 3 Äpfel

› Mehl mit Butter verkneten, dann mit dem Zucker, Eigelb, dem Backpulver, den fein gehackten Geranienblättern und mit so viel Milch verkneten, dass man einen mittelfesten Teig bekommt. In Folie wickeln und kühl stellen.

› Für die Füllung Quark mit Milch, Eiern und dem Zucker gründlich verrühren und mit Lavendelblüten abschmecken.

› Teig 3 bis 4 mm dick ausrollen und eine gebutterte Backform mit einem Durchmesser von ca. 25 cm damit auslegen.

› Teig mit Semmelbröseln bestreuen und Quarkcreme darauf verteilen. Äpfel halbieren, Kerngehäuse entfernen, dann die Obsthälften fächerförmig einschneiden und in die Creme setzen.

› Im vorgeheizten Ofen bei 180 °C etwa 30 Minuten backen.

› Wenn der Apfelkuchen ausgekühlt ist, in Stücke schneiden und mit Lavendelblüten und duftenden Geranienblättern auf einem Teller anrichten.

Geranien (es gibt verschiedene Sorten, z. B. mit Zitronen-, Orangen- und Apfelduft) sind dankbare Pflanzen. Sie verbreiten einen angenehmen Duft, und ihre Blätter und Blüten können auf vielerlei Weise verwendet werden: in Kuchen, in Sirupen, in Obstsalaten oder in Potpourris.

Cheesecake in Lavendellaune

Der über Wasserdampf gebackene Cheesecake bleibt mild und trocknet nicht aus. Dank der gleichmäßigen Wärmeeinwirkung entsteht ein samtig-angenehmes Endergebnis mit mildem Lavendelgeschmack.

ZUTATEN:
• 180 g fertige Haferkekse • 70 g Butter • 250 g Frischkäse • 100 g Puderzucker • 2 Eier • 1 Eigelb • 0,05 l Sahne • 0,05 l Sauerrahm • 1 Zitrone • 1 EL frische Lavendelblüten • 1 TL Maisstärke

› Die Haferkekse mörsern. Weiche Butter zugeben, gründlich durchmengen, dann die Masse auf den Boden und die Seiten einer 200 mm großen Tortenform drücken. In den Küchenschrank stellen, während die Creme zubereitet wird.

› Den Frischkäse mit Puderzucker glatt rühren, Eier, Eigelb, Sahne, Sauerrahm, Saft und abgeriebene Schale einer halben Zitrone hinzufügen.

› Schließlich die Lavendelblüten und die mit einem Löffel Wasser vermischte Stärke untermengen.

› Diese Masse in den Tortenboden füllen und die Form in ein tiefes Backblech stellen.

› Das Backblech 20 bis 30 mm hoch mit heißem Wasser füllen, danach in den vorgeheizten Backoffen schieben.

› Bei 150 °C ca. 45 Minuten lang backen. Der Cheesecake ist fertig, wenn die Oberfläche fest, die Mitte aber noch weich ist.

Moelleux au Chocolat mit Lavendelschaum

Schoko- und Lavendelfans müssen dieses Rezept unbedingt ausprobieren! Moelleux stammt vom französischen Wort „moelle", das mild, weich, samtig warm, schmelzend bedeutet, also „schmelzende Schokolade". Man könnte sagen, dass es ein halb gebackener Schokoladenbiskuit ist, dessen Mitte noch weich ist.

....

ZUTATEN:
• 125 g Bitterschokolade • 40 g Mehl • 120 g Zucker • 125 g Butter • 2 Eier • 100 g Kastanienpüree • 3 TL Milch • zum Ausstreichen der Form Butter und Mandeln

LAVENDEL-SCHAUM:
• 0,2 l Sahne • 50 g Lavendelzucker

....

› Die Kastanienmasse mit Milch verrühren. Daraus vier Kugeln formen und ins Gefrierfach legen.

› Vier kleine Auflaufformen mit Butter ausstreichen, mit grob gehackten Mandeln ausstreuen.

› Die Schokolade über Wasserdampf schmelzen. Butter, Zucker und Mehl zugeben, dann die Eier einrühren.

› Ein wenig Teig in die Förmchen füllen, darauf je eine gefrorene Kastanienkugel legen und mit der restlichen Masse bedecken.

› Im vorgeheizten Backofen bei 180 °C bei leicht geöffneter Tür (Holzkochlöffel einklemmen) ca. 25 Minuten lang backen.

› Inzwischen die Sahne steif schlagen und den in der Kaffeemühle gemahlenen Lavendelzucker langsam zugeben.

› Die kleinen Kuchen aus dem Backofen nehmen, aus den Formen stürzen und noch warm mit Lavendelschaum servieren.

Kaffee und Milch mit Lavendelaroma

› Filterkaffee zubereiten. Pro Person je einen Lavendelzweig zum Wasser in die Kaffeemaschine geben.

› Bei der Lavendelmilch rechnet man pro Person mit 200 ml Milch, 2 TL Zucker und 3 bis 4 Lavendelzweigen.

› Unter ständigem Rühren zum Kochen bringen, dann abgedeckt ziehen lassen, damit sich die Aromen in der Milch lösen können. Abseihen und sofort servieren. Die Milch schmeckt lecker, entweder warm, oder auch eisgekühlt, ist sie ein verlockendes Getränk.

Lavendelschokolade

Schafft französische Stimmung. Lavendelschokolade gibt es sogar in manchen Städten, man kann sie auf der kalten Straße, „to go" genießen. Am besten schmeckt sie aber aus der Tasse, elegant. Voilà.

....

ZUTATEN:
• 80 g Bitterschokolade mit Kakaogehalt von ca. 70–80% • 0,4 l Milch • 0,1 l Sahne • 4 TL Honig • 8 Lavendelblüten od. 1 TL getrocknete Lavendelblüten

....

› Die Milch mit der Sahne und den Lavendelblüten erhitzen, kurze Zeit ziehen lassen und filtern.

› Die in kleine Würfel gebrochene Bitterschokolade und den Honig zugeben. Nochmals erwärmen, dann mit Milchschäumer (oder Stabmixer) aufschäumen. Gleich servieren.

Pflaumenmarmelade mit Ingwer und Lavendel

ZUTATEN:
• 2 kg Pflaumen • haselnussgroßes Stück frischer Ingwer • 600–800 g Zucker • 2 EL frische Lavendelblüten • 1 Prise Konservierungsstoff pro Glas

› Wenn die Pflaumen reifen, erlebt Lavendel seine Nachblüte. Es lohnt sich, auch diese etwas kleineren Blüten zu verwenden!

› Pflaumen waschen, entkernen und mit dem Zucker erhitzen. Nach 8 bis 10 Minuten Kochzeit vom Feuer ziehen und mixen. Weiter kochen, bis das Mus eingedickt ist.

› Den geriebenen Ingwer und die Lavendelblüten zugeben, noch einmal aufkochen lassen und heiß in Gläser füllen.

› Vor dem Verschließen der Gläser eine kleine Prise Konservierungsmittel auf die Marmelade streuen. In Tücher eingeschlagen abkühlen lassen.

› Die Marmelade kann auch mit zuckersparenden Einkochhilfen hergestellt werden, in diesem Fall Mengen nach der Beschreibung auf der Packung verwenden.

Die kleinen Wildpflaumen oder Mirabellen schmecken mit Lavendel gewürzt unglaublich fein.

Aprikosenmarmelade mit Lavendel

ZUTATEN: • 2 kg Aprikosen • 600–800 g Zucker • 1 TL Zitronensäure • 2 EL frische Lavendelblüten • 1 Prise Konservierungsmittel pro Glas

› Die reifen Aprikosen waschen, entkernen, von Hand zerdrücken und mit Zucker erhitzen. Nach 8 bis 10 Minuten Kochzeit vom Feuer ziehen und mixen. Weiterkochen, bis die Masse dick wird.

› Zitronensäure und Lavendelblüten dazugeben, noch einmal durchkochen und heiß in Gläser füllen. Vor dem Verschließen je eine Prise Konservierungsmittel auf die Marmelade streuen.

Schlehenmarmelade mit Lavendel

ZUTATEN: • 2 kg reife Schlehen • 1 kg Zucker • 3 EL Lavendelzucker • 1 EL Cognac oder Weinbrand pro fertigem Glas

› Die gewaschenen Schlehen mit etwas Wasser in einen Topf geben und so lange kochen, bis die Beeren platzen.

› Durch ein Sieb passieren, dann erst den Zucker dazugeben und unter ständigem Rühren erhitzen. Lavendelzucker hineinstreuen, heiß in Gläser füllen, einen EL Cognac oder Schnaps darübergießen und die Gläser verschließen.

Schlehen schmecken nach dem ersten Frost am besten.

Göttliche Marmelade aus grünen Tomaten

Der Zitrus-Lavendel-Geschmack lässt an mediterrane Gefilde denken. Die Marmelade schmeckt auf einer Scheibe Butter-Hefekuchen sowie als Füllung für Pfannkuchen und im Biskuitkuchen. Ein Löffel pur ist einfach verführerisch! Die Lavendelnachblüte bietet ausgezeichnete Gelegenheit, grüne Tomaten mit ihr zu kombinieren.

....

ZUTATEN:
• 2 kg grüne Tomaten • 800 g Zucker • 1 Zitrone • 1 TL frische Lavendelblüten

....

› Die grünen Tomaten in Würfel schneiden, ein wenig Wasser zugeben, dann zu Brei verkochen.

› Mit Zucker, abgeriebener Zitronenschale und Zitronensaft würzen.

› Bei niedriger Wärme unter ständigem Rühren dick einkochen. Erst wenn die Marmelade bindet, gibt man die Lavendelblüten dazu. Dann gleich in kleine Gläser füllen, sorgfältig verschließen und abkühlen lassen.

› Die Marmelade kann auch mit Gelierzucker zubereitet werden!

Weingelee

ZUTATEN:
• 50 ml süßer Weißwein (Muskateller) • 10–12 Lavendelzweige • 6 Blatt Gelatine oder 9 g Gelatinepulver • 4–5 EL Zucker • einige Tropfen Zitronensaft

› Weißwein mit Lavendel und Zucker zum Kochen bringen.

› Mit ein paar Tropfen Zitronensaft abschmecken, dann vom Feuer ziehen und die gequollene warme Gelatine dazugeben.

› Falls nötig, noch ein wenig Zucker hinzufügen. Abseihen, Lavendelzweige entfernen und in Weingläsern kühlen.

› Je einen kandierten Lavendelzweig hineinstecken und servieren. Das Gelee kann mit Obst (zum Beispiel gelben Weintrauben) aufgewertet werden.

Lavendelsirup

ZUTATEN:
• 5 l Wasser • 2 große Lavendelsträuße • 2 kg Zucker • 1 EL Zitronensäure

› Wasser mit Zucker zum Kochen bringen. Wenn der Zucker sich aufgelöst hat, abgerebelte Lavendelblüten zufügen und unter ständigem Rühren 10 Minuten lang kochen.

› Zitronensäure dazugeben, einmal aufkochen lassen und anschließend abgedeckt einen Tag ziehen lassen.

› Am Folgetag abseihen, nochmals aufkochen und siedend heiß in gut gereinigte kleine Fläschchen gießen. Die Flaschen verschließen und nochmals 20 Minuten lang sterilisieren. Dunkel und kühl aufbewahren.

Die Autorin über sich selbst

Ich genieße die Gesellschaft von duftenden Kräutern, glänzendem Gemüse, fein schmeckenden Früchten und Blumen. Ich koche für meine Freunde, weil mir das Kochen Vergnügen bereitet. Beschäftige ich mich nicht damit, schreibe ich Artikel und Bücher über Speisen und Getränke. Ich sammle Erlebnisse, Rezepte, Aromen und Düfte. Seitdem meine vier Kinder von daheim ausgeflogen sind, habe ich an meinen Enkeln viel Freude und teile meine Erfahrungen mit anderen.

Meine Familie ist typisch mitteleuropäisch. Unsere Ahnen stammen aus Siebenbürgen, der Karpatenukraine, Oberungarn und Wien, was sich auch in unserer Hausküche widerspiegelt. Die Geschmäcker dieser „Fusionsküche aus dem Karpatenbecken" durchziehen zurzeit meine Speisen.

Meine Kindheit verbrachte ich in Gärtnereien, meine Großeltern beschäftigten sich mit Gemüse- und Blumenanbau. In dieser Zeit entwickelte sich meine leidenschaftliche Liebe zu den Blumen. Ich beschäftigte mich mit Blumen nicht nur, da ich in der Blumenbindekunst und in der Zierpflanzengärtnerei tätig war, Blumen befinden sich auch auf meinen Aquarellen und Glasgemälden. Für die essbaren Blüten interessierte ich mich immer schon. Seit Jahrzehnten sammle ich Blumenrezepte aus alten Kochbüchern, aus der ausländischen Literatur und vor allem von Landfrauen, für die es keine Besonderheit ist, wenn Blüten in den Topf oder in den Kuchen kommen.

Ich vertiefte meine Fachkenntnisse in den Kursen des Floristen Gregor Lersch, lernte die Aquarellmalerei an der Kunstakademie Geras bei Gina Wang und die Glasmalerei bei Norbert Bukta in Budapest. Als mich die Kunst zu den Kochbüchern führte, entwickelte ich eine Leidenschaft für das professionelle Kochen unter Leitung von Meisterköchen. Ich bin Autorin von zahlreichen Kochbüchern. Kochen ist die komplexeste Kunst, das Kochbuchschreiben aber noch mehr. Es ist die Essenz von verschiedenen Berufen in einem Werk.

Im Jahr 1999 erschien mein erstes Buch zum Thema essbare Blumen. Dank dem Medieninteresse wurde mein Name als „Spezialistin für essbare Blüten" zuerst in Ungarn, dann weltweit bekannt. Seit dieser Zeit nehme ich Einladungen an und spreche bei Lichtbildervorträgen und Workshops. Ich veranstalte regelmäßig Kurse in einer der größten Kochschulen Ungarns.

Von mir entwickelte und handgemachte, mit Blüten verfeinerte Lebensmittel wurden kürzlich auf den Markt gebracht. Es sind gesunde Delikatessen aus der Natur, die zum Naschen verführen.

Ich wohne in einer Gartenstadt von Budapest, in einer süßen romantischen Atelierwohnung im provenzalischen Stil, zu der sogar eine kreative Küche und ein Garten als Erinnerung an die alten Zeiten gehören. Ich pflege meine Blumen und Kräuter mithilfe meiner Mutter und Töchter. Mein Atelier ist vor allem Schauplatz meiner kreativen Arbeit, hier werden die Fotos, Rezeptvideos und Buchillustrationen angefertigt. Mein Arbeitspartner ist András Vass, der meine Werke fotografiert und ins rechte Licht setzt. Unser kleines Unternehmen wurde unter dem Namen „Rózsakunyhó" (auf Deutsch: Rosenhütte) bekannt.

Für mich ist die Welt voller Schönheit und Sonnenschein. Ich möchte alles festhalten, was Freude und ein Lächeln in die Seele bringt. Mein Ziel ist es, mit simplen Mitteln die Traditionen, die Eleganz und die Weisheit der Pflanzen in jedermanns Leben einziehen zu lassen. Die Welt wäre nämlich ohne Blüten ärmer und irgendwie seelenlos.

Monika Halmos

www.halmosmonika.hu

Siegrid Hirsch

Die besten Gemüse- & Kräutersmoothies
Salate, Wildpflanzen, Gemüse und Obst in den Mixer

Warum nicht mal einen Salat im Glas servieren? Verwöhnen Sie sich mit der vollen Vitamindosis. Aus dem alltäglichen Gemüse, aus Salat und sogar Wildpflanzen, lassen sich interessante und wohlschmeckende Smoothies zubereiten. Alle essenziellen, das heißt lebensnotwendigen Pflanzenstoffe wirken in unserem Körper wie die Zündkerzen im Automotor. Sie starten unseren gesamten Stoffwechsel. Die winzigen Bestandteile sind in selbst gemachten Smoothies reichlich vorhanden.

ISBN 978-3-902540-92-8

Siegrid Hirsch

Die Heilwirkung der Zitrone

Arzneien aus der Natur sind oft köstlich verpackt, die Zitrone ist das beste Beispiel. Sie bietet uns eine reiche Palette lebenswichtiger Inhaltsstoffe: Rezepte und zahlreiche Hintergrundinformationen. Tipps zu Herkunft, Einsatz und Aufbewahrung der gelben Superfrucht. Informationen über die gesundheitsfördernden Wirkstoffe. Für Menschen, die gesund sein und bleiben wollen. Der Ratgeber zeigt, was Sie aus Zitronen herstellen können und wie man Zitronen in der Küche, in der Körperpflege und als Heilmittel einsetzen kann. Viele Rezepte inspirieren zu eigenen Kreationen.

ISBN 978-3-99025-104-1

Sabine Perndl

Backen ohne Zucker
Gluten- und laktosefrei

Süße Bäckereien und gesundheitsfördernde Ernährung lassen sich jetzt vereinen! Sabine Perndl zeigt anhand vielfach erprobter Rezepte gesunde Alternativen zu Zucker (Glucose) und glutenhaltigem Mehl, besonders Weizenmehl. Die Rezepte für Kuchen, Torten, Schnitten, Brote und Konfekte sind mit wenigen, aber wertvollen Zutaten einfach nachzumachen und schmecken köstlich. Wissenswertes zu den verschiedenen Zutaten und Tipps sowie praktische Erfahrungen vom Einkaufen über die Zubereitung bis zum Haltbarmachen der Backwaren runden dieses vielseitige Backbuch ab.

ISBN 978-3-99025-117-1